うきうきわくわく
身体表現あそび
―豊かに広げよう！子どもの表現世界―

髙野牧子 [編著]

同文書院

Authors 〜執筆者紹介〜

編著者

髙野 牧子（たかの まきこ）
山梨県立大学　教授
Ⅰ．理論編：1章①②③／2章③／4章①②
Ⅱ．演習編：1章〜5章
Ⅲ．実践編：1章／2章②③／3章・展開事例①③⑤⑥⑦⑧／4章・リズム素材集・展開事例⑩⑪⑫／
5章展開事例⑮⑯⑥⑨⑩⑪⑭／付録
●コラム●　子育て支援で楽しく踊ろう！／ラバン理論とは？？／欧米における創造的身体表現の教育／海外での身体表現あそび（アメリカ・イギリス）※イギリス担当／リズムダンスの隊形1／リズムダンスの隊形2／環境を整えて，身体表現を引き出しましょう！

著者　※執筆順

髙橋 うらら（たかはし うらら）
東京都市大学　准教授
Ⅰ．理論編：1章④
Ⅲ．実践編：5章展開事例③
●コラム●　さくら・さくらんぼのリズムあそび・リズム運動

田中 葵（たなか あおい）
千葉明徳短期大学　講師
Ⅰ．理論編：2章①②
Ⅲ．実践編：4章展開事例⑧／5章展開事例⑬

打越 みゆき（うちこし みゆき）
星美学園短期大学　准教授
Ⅰ．理論編：3章①②③

大津 展子（おおつ のぶこ）
茨城大学　講師
Ⅰ．理論編：3章④
Ⅲ．実践編：2章③展開事例／5章展開事例②⑧

小田切 香織（おたぎり かおり）
カワイ音楽教室　講師
Ⅰ．理論編：4章②
●コラム●　もっと楽しんでピアノ　もっと簡単に伴奏

岩間 里香（いわま りか）
城北幼稚園　講師
Ⅲ．実践編：2章・①展開事例／3章展開事例④／4章展開事例⑨／
5章指導案事例①②

粕谷 礼乃（かすや あやの）
新渡戸文化短期大学　特任准教授
Ⅲ．実践編：2章①展開事例／5章展開事例④⑦
●コラム●　リズムダンスの曲選び

小田 ひとみ（おだ ひとみ）
千葉敬愛短期大学　准教授
Ⅲ．実践編：2章①展開事例
●コラム●　海外での身体表現あそび（アメリカ・イギリス）※アメリカ担当

瀬川 真寿美（せがわ ますみ）
鎌倉女子大学／鶴見大学　非常勤講師
Ⅲ．実践編：3章展開事例②／4章展開事例⑦

多胡 綾花（たご あやか）
湘北短期大学　准教授
Ⅲ．実践編：4章展開事例①〜⑥／5章①・展開事例⑫

はじめに

　子どもたちがおままごとや戦隊ヒーローなど，何かになりきって身体を動かし，夢中で遊んでいる姿をみかけます。また，子どもたちは感じたままを動きで表したり，嬉しいときに跳びはね，気持ちを動きで表したりしています。自然に身体で表すことができる幼児期の特性をふまえて，身体表現の楽しさを十分に味わい，自分なりの表現を通して，豊かな感性や表現力，創造性を育みたいと思います。

　しかし，実習では「教え方がわからない」「すぐに終わってしまい，1時間の計画が立てられない」「子どもから動きを引き出せない」「子どもが興奮しすぎてしまう」などのむずかしさから，身体表現活動には取り組めないと学生は悩みます。一方，園でも身体表現あそびが運動会や発表会に向け，動きをそろえ，間違わないように指導することに留まるという課題も見受けられます。幼稚園教育要領の領域「表現」には，「感じたことや考えたことを自分なりに表現することを通して，豊かな感性や表現する力を養い，創造性を豊かにする」とありますが，子ども一人ひとりの豊かな身体表現あそびを展開するにはどのようにすればよいのでしょうか。

　本書はこうした悩みや課題に応えるために，ダンスを専門に勉強してきた先生方を中心に執筆いただき，誰でも取り組みやすい身体表現あそびの方法を具体的に提示し，保育現場で活発に身体表現あそびが展開されることを願い，作成しました。

　理論編では，身体表現の基本的な知識や，動きと表現との関係を学びます。演習編では理論を基に，実際に身体で表現し，理解を深め，身体で表現できる力を養います。実践編は子どもたちと楽しく実践できる活動内容の豊富な素材を数多く提供しました。このまま行なってもよいですが，自分なりに組み合わせたり，工夫したりできますので，園での一斉指導や子育て支援活動などで，ぜひ，実践してみてください。

　本書を作成するにあたり，活動実践や写真提供など，ご協力いただきました城北幼稚園，山宮保育園，富士河口湖町子ども未来創造館の子育て支援の先生方に，心より深く感謝申し上げます。実際に保育現場で確かに使える，子どもと楽しいと胸を張って提供できる素材がそろいました。また，平山郁子氏のイラストはとても可愛らしく，読者の皆様に動きがわかりやすく伝わることと存じます。同文書院の深澤真実子氏には企画の段階から出版まで，本当にきめ細やかに，熱意をもって温かく力強くご支援を賜りまして，誠にありがとうございました。お陰様で念願の身体表現の教科書を出版することができました。

　子どもたちが「体で表すことは面白いなぁ」「友だちと一緒に踊ることは楽しいな」と感じるような身体表現あそびがたくさん保育現場で行われることを願っています。また，保育者自身も「子どもたちのすてきな表現に出会えることは幸せだな」「私でもできそう」「やってみたい」と本書を読んで感じていただけましたら，大変嬉しく思います。

　子どもたちと一緒に身体表現の芸術世界を創造ください！

編著者　髙野　牧子

目次

※担当執筆者は（ ）にて，敬称略とさせていただいております。

I．理論編　しっかり学ぼう！ ―――1

1章　ようこそ！　素晴らしい身体表現の世界へ（髙野）……2
- ❶身体表現とは（髙野）……2
- ❷身体表現・舞踊文化の広がりと深まり（髙野）……3
  - 1）世界の舞踏（髙野）……3
  - 2）日本の舞踏の広がりと深まり（髙野）……3
- ❸幼児期における身体表現（髙野）……4
- ❹歴史にみる幼児の身体表現（髙橋）……6
  - 1）明治時代（髙橋）……6
  - 2）大正時代〜戦前の昭和時代（髙橋）……7
  - 3）戦後〜現在（髙橋）……8

2章　身体表現によるコミュニケーション（田中）……10
- ❶ノンバーバル・コミュニケーションとしての身体表現（田中）……10
  - 1）ノンバーバル・コミュニケーションとは（田中）……11
  - 2）体を通して共有する気持ち（田中）……11
- ❷日常生活におけるジェスチャー（田中）……12
  - 1）意図された身体表現，ジェスチャー（田中）……12
  - 2）大人から学ぶ動き（田中）……13
  - 3）あそびの中でのジェスチャー（田中）……13
  - 4）一人ひとりが活きる表現とは何だろう（田中）……14
- ❸幼児の身体表現によるコミュニケーション（髙野）……14
  - 1）欲求場面における身体表現（髙野）……14
  - 2）幼児期の感情表現（髙野）……15
  - 3）模倣（髙野）……16

3章　発達過程からみる乳幼児の身体表現（打越）……18
- ❶乳幼児期（おおむね6か月未満〜おおむね2歳）の発達（打越）……19
  - 1）おおむね6か月未満（打越）……19
  - 2）おおむね6か月から1歳3か月未満（打越）……20
  - 3）おおむね1歳3か月から2歳（打越）……21
- ❷幼児期前半（おおむね3歳〜おおむね4歳）の身体表現（打越）……21
  - 1）おおむね3歳（打越）……21
  - 2）おおむね4歳（打越）……23
- ❸幼児期後半（おおむね5歳〜おおむね6歳）の身体表現（打越）……23
  - 1）おおむね5歳（打越）……23
  - 2）おおむね6歳（打越）……23
- ❹学童期への接続（大津）……25
  - 1）幼児期からの系統的学習（大津）……25
  - 2）小学校（体育授業における）身体表現（大津）……25
  - 3）表現リズムあそびの評価（大津）……27

4章　身体表現活動のねらいと内容（髙野）……28
- ❶ねらい（髙野）……28
  - 1）楽しく踊ろう　〜リズムに乗って心身を解放し，個の身体意識を高める〜（髙野）……28
  - 2）マネっこしよう　〜模倣しあうことにより，動きを通したコミュニケーションの促進を図る〜（髙野）……29
  - 3）表してみよう　〜一人ひとりの身体表現を引き出し，自己表現力と創造性を培う〜（髙野）……29

iv

4）いっしょにつくろう　〜他者と共創していく関係性を獲得していく〜（髙野）……30
　コラム　子育て支援で楽しく踊ろう！（髙野）……31
❷内容（髙野）……32
1）音・リズム（小田切）……32
　コラム　もっと楽しんでピアノ　もっと簡単に伴奏（小田切）……32
2）動き　〜多様な「動き」を経験しよう〜（髙野）……36
3）イメージ　〜イメージを表現する〜（髙野）……37
4）＜動きあそび＞と＜変身あそび＞：イメージと動きの連環（髙野）……37
5）まとめ（髙野）……39
　コラム　さくら・さくらんぼのリズムあそび・リズム運動（髙橋）……40

Ⅱ．演習編　体験しよう！　表現しよう！　（髙野） ——————————— 41

1章　キーワード：身体……42
❶ "身体"を軸に展開するために……42
1）"身体"をキーワードにするのは，なぜ？……42
2）"身体"で知っておきたいこと……42
❷ "身体"をキーワードにした表現あそび……43
1）身体部位が意識できる手遊び……43
2）身体部位が意識できる表現あそび……43
❸ "身体"をキーワードにした応用展開……43
●体を動かして学ぼう！　身体……44

2章　キーワード：アクション……46
❶ "アクション"を軸に展開するために……46
1）"アクション"をキーワードにするのは，なぜ？……46
❷ "アクション"をキーワードにした表現あそび……46
1）"アクション"を意識した手遊び……46
2）"アクション"を意識した表現あそび……47
❸ "アクション"をキーワードにした応用展開……47
●体を動かして学ぼう！　アクション……48

3章　キーワード：時間性・力性……50
❶ "時間性・力性"を軸に展開するために……50
1）"時間性・力性"とは？……50
2）"時間性・力性"（表現性）の要素……50
❷ "時間性・力性"をキーワードにした表現あそび……50
1）"時間性・力性"を意識した手遊び……50
2）"時間性・力性"を意識した表現あそび……51
❸ "時間性・力性"をキーワードにした応用展開……51
●体を動かして学ぼう！　時間性・力性……52

4章　キーワード：空間性……54
❶ "空間性"を軸に展開するために……54
1）"空間性"要素とは？……54
2）"空間性"には，どんなものがあるのか？……54
❷ "空間性"をキーワードにした表現あそび……55
1）"空間性"を意識した手遊び……55

- 2）"空間性"を意識した表現あそび……55
- ❸ "空間性"をキーワードにした応用展開……55
- ●体を動かして学ぼう！　空間性……56

5章　キーワード：関係性……58
- ❶ "関係性"を軸に展開するために……58
  - 1）"関係性"をキーワードにするとは？……58
- ❷ "関係性"をキーワードにした表現あそび……59
  - 1）"関係性"を意識した手遊び……59
  - 2）"関係性"を意識した表現あそび……59
  - ❸ "関係性"をキーワードにした応用展開……59
- ●体を動かして学ぼう！　関係性……60
- コラム　ラバン理論とは？？（髙野）……62

Ⅲ. 実践編　考えてみよう！　　　　　　　　　　　　　　　63

1章　指導の組み立て方（髙野）……64　指導のながれ（髙野）……64
- ❶ 指導のながれ（髙野）……64
- ❷ 指導の組み立て方（髙野）……65

2章　導入に使いたい手遊び・絵本・身近な物（岩間）……66
- ❶ 手遊び
  - 手遊び事例① はじまるよ，はじまるよ（岩間）……67
  - 手遊び事例② グーチョキパーの歌（岩間）……68
  - 手遊び事例③ コロコロたまご（岩間）……69
  - 手遊び事例④ ちょっとぱ〜さん〜手遊びから体遊びへ（粕谷）……70
  - 手遊び事例⑤ Wind the bobbin up（糸巻きの歌）（小田）……71
  - 手遊び事例⑥ Incy Wincy spider（とっても小さなクモさん）（小田）……72
  - コラム　欧米における創造的身体表現の教育（髙野）……73
- ❷ 導入に使えるおススメ絵本
  - （『だるまさんが』『できるかな？』『もこ　もこもこ』など）（髙野）……74
- ❸ 導入に使える身近な物
  - （伸縮布・プチプチマット・キラキラペット・紙皿・新聞紙・ムーブメントスカーフ 等）（髙野）……76
- 展開事例　新聞を紙と仲良くあそぼ（大津）……79

3章　心と体をほぐそう（髙野）……80
- 展開事例① さわってみようかな（髙野）……81
- 展開事例② ぞうさん（瀬川）……82
- 展開事例③ 洗濯ごしごし　（ふれあい遊び）（髙野）……83
- 展開事例④ ぶらぶら〜ピタッ　（体ほぐし）（岩間）……84
- 展開事例⑤ 子ども用ストレッチ〜星に願いを〜　（幼児用ストレッチ）（髙野）……86
- 展開事例⑥ おかあさんのおふね　（親子遊び）（髙野）……87
- 展開事例⑦ おいもごろごろ　（ふれあい遊び）（髙野）……88
- 展開事例⑧ ほしのかずだけ　（親子ダンス）（髙野）……90
- コラム　海外での身体表現あそび（アメリカ・イギリス）（小田・髙野）……92

4章　弾んで踊ろう　〜リズムダンス振り付け素材と作品集〜（髙野）……94
- リズム素材集① 歩く・走る・スキップ（髙野）……95

| リズム素材集② | ワイパー（髙野）……95
| リズム素材集③ | パンチ！（髙野）……96
| リズム素材集④ | ぐるぐる（かいぐり）（髙野）……96
| リズム素材集⑤ | グーパー（髙野）……97
| リズム素材集⑥ | どうぞ！（髙野）……97
| リズム素材集⑦ | かかとでトンッ（髙野）……98
| リズム素材集⑧ | おしりふりふり（髙野）……98
| リズム素材集⑨ | ジャンプ！（髙野）……99
| リズム素材集⑩ | ぐるっと回ってポーズ！（髙野）……99
| 展開事例① | チューリップ（多胡）……100
| 展開事例② | かたつむり（多胡）……101
| 展開事例③ | かえるのがっしょう（多胡）……102
| 展開事例④ | う　み（多胡）……103
| 展開事例⑤ | どんぐり　ころころ（多胡）……104
| 展開事例⑥ | ゆ　き（多胡）……105
| 展開事例⑦ | いたずラッコ（瀬川）……106
| 展開事例⑧ | ルージュの伝言（田中）……108
| 展開事例⑨ | 夢をかなえてドラえもん（岩間）……110
| コラム | リズムダンスの曲選び（粕谷）……113
| 展開事例⑩ | GO-GO　たまごっち！（髙野）……114
| コラム | リズムダンスの隊形1（髙野）……117
| 展開事例⑪ | ありがとう（SMAP）（髙野）……118
| コラム | リズムダンスの隊形2（髙野）……121
| 展開事例⑫ | なめこのうた（髙野）……122
| コラム | 環境を整えて，身体表現を引き出しましょう！（髙野）……125

5章 表現しよう！（多胡）……126
❶表現指導の内容と方法（多胡）……126
1）題材（多胡）……126
2）保育者の態度と言葉かけ（多胡）……127
3）展開方法（多胡）……127
4）身体表現あそびを進んでやらない子どもへの対応（多胡）……128
| 展開事例① | 雷さんと水たまり（髙野）……129
| 展開事例② | しんぶんしマンになりきろう（大津）……130
| 展開事例③ | からだじゃんけん（髙橋）……132
| 展開事例④ | だるまさんがころんだスペシャル（粕谷）……134
| 展開事例⑤ | おっとおっとおっとっと（髙野）……136
| 展開事例⑥ | 磁石でぺったん　〜どんどこトンネル（髙野）……138
| 展開事例⑦ | 表現鬼あそび（粕谷）……140
| 展開事例⑧ | 忍者でござる（大津）……142
| 展開事例⑨ | ぐにゃぐにゃ　ぴーん（髙野）……144
| 展開事例⑩ | 動物らんど（髙野）……146
| 展開事例⑪ | わくわく乗り物，レッツゴー！（髙野）……148
| 展開事例⑫ | 6月の表現あそび－なりきりサイコロレース－（多胡）……150

- 展開事例⑬ いろをあるこう　いろいろあるこう（田中）……152
- 展開事例⑭ 表現あそびサーキット（髙野）……154
- 指導案事例① 雪であそぼう（岩間）……156
- 指導案事例② だるまさんがころんだ（岩間）……158

付録 体操「ぼくのからだのふしぎ（作詞・作曲・振り付け：矢沢芙美）」（髙野）……160

・索引……164

I. 理論編
しっかり
学ぼう！

　ようこそ，身体表現の世界へ！ここでは身体表現からダンスへと広がる世界，幼児への身体表現指導の歴史，身体表現によるコミュニケーション，身体表現の発達等を概観します。そして，動きと表現との関係を理論的に学びます。自分らしい表現，あるいは一人ひとりの子どもの表現を引き出すために，理論を基に動きを分析的に6つの要素から考えると，1つの動きから豊かに工夫できます。

　理論から身体表現の世界を広げてみましょう！

1　Ⅰ．理論編　ようこそ！素晴らしい身体表現の世界へ

① 身体表現とは

　身体表現は，人間の存在そのものの内的イメージを身体の動きによって外在化する行為です。人間の心も肉体もすべてを含んだ'からだ'を媒体として表現します。それゆえに，「人間の存在そのものをかけて表現する芸術」といっても過言ではないでしょう。

　この身体を媒体とした表現行為である「身体表現」は，「舞踊」あるいは「ダンス」と総称される文化・芸術領域につながります。「dance」の語源のひとつに「生命の欲求（desire of life）」という意味があります。

　「舞踊」は，人類が文字文化をかくとくする以前から存在した人類最古の文化のひとつであり，「舞踊は始原の芸術である」といわれています。太古から信仰や祭りと結びついていた舞踊は，旧石器時代の洞窟壁画にも踊るようすが描かれており，日本の『古事記』においても「天岩戸」にこもった天照大神が踊りに誘われて現れたという話が登場します。

　原始時代より，「舞踊」は人びとの生活や自然への畏怖と深くかかわり，存在しています。結婚や誕生を祝い，成人となる通過儀礼として踊り，死者を弔い，死者と交信するために踊りました。また，大地の豊穣を祈り，神に感謝し，病気を治す呪術としても踊られました。さらに，戦意を鼓舞し，戦いや狩りから戻って，みなにその勇敢なようすを身体で模倣してみせたのが「戦闘舞踊」の起源とされています。

　三浦雅士はその著書で，「狩猟採集民の舞踊の後に，農耕民の舞いと遊牧民の踊りが両極をなすかたちで，世界の舞踊の地図が形成されたとみなしてよいように思われる」と述べています。狩猟採集民の姿勢は中腰であり，獲物を探し，戦う姿勢です。農耕民はさらに腰を落とし，大地を踏みしめる「舞い」の文化圏を形成し，その典型は能であるとしています。一方，遊牧民の「踊り」は腰を伸ばし，跳躍のある舞踊で，その典型はバレエとし，引力を断ち切って天空を讃えると説明しています。広がる大地の水平方向と神や天へ向かう垂直方向のなかで，さまざまな舞踊が展開しているのです。

　世界中の民族にそれぞれの舞踊文化があります。世界のさまざまな場所で，神と迎合し，心身を解放し，他者と共感し合う舞踊文化がくり広げられているのです。

　かつて，ポール・ヴァレリーは「生命そのものから引き出された芸術」[*1]と指摘し，石福恒雄は「人間とは，本質的に踊る存在なのだ」[*2]と説き，三浦雅士も「舞踊ほど根源的な芸術はない」[*3]としています。正に舞踊は，人間存在そのものが，からだの動きを通して立ち現れた現象であるといえます。

---

*1　Valéry, P. 清水徹 訳『魂と舞踏』岩波文庫，p.236，1921
*2　石福恒雄『舞踊の歴史』紀伊国屋書店，p.5，1974
*3　三浦雅士『身体の零度（講談社選書メチエ）』講談社，pp.138-152，1994

② 身体表現・舞踊文化の広がりと深まり

1）世界の舞踊

　ここで，世界にはどのような舞踊があるか，をみていきましょう。
　表1-1-1は，世界の代表的な民族舞踊です。ここに掲載したのは日本でも習ったり，TVで見たりすることができる舞踊ですが，世界中にさまざまな舞踊があることがわかります。舞踊の動きにはそれぞれ特徴があり，その違いや共通性から文化の伝播をみることができます。みなさんはこの中で，いくつの舞踊を知っている，あるいは見たことがあるでしょうか。

表1-1-1　世界の民族舞踊

> フラダンス（ハワイ）　タンゴ（アルゼンチン）　ケチャ（バリ島）　タイ舞踊　韓国舞踊　インド舞踊
> サンバ（ブラジル）　トルコの回旋舞踊　ベリーダンス（エジプト）　マサイ族のジャンプダンス
> コサックダンス（ロシア）　フラメンコ（スペイン）　アボリジニダンス（オーストラリア）
> アイリッシュダンス（アイルランド）　カポエイラ（ブラジル）

2）日本の舞踊の広がりと深まり

　さて，現代の日本にはどのような舞踊があるでしょうか。
　日本における舞踊文化を歴史的にみると，「伝統として受け継がれていく舞踊」「時代を反映して変容していく舞踊」「時代と共に新しく生まれていく舞踊」の3つに分けることができます。そして，その中で観客を魅了するように上演芸術として高みを目指すベクトルと，比較的簡単に，すぐに一緒に踊れる「Dance for all（すべての人のためのダンス）」という人間同士が交流することを目的とした広がりへのベクトルが存在しています。さらに時代と共に生まれ，発展する，あるいは消滅していくダンスには，両方のベクトルが働いているといえます。
　21世紀はダンスの世紀といわれるほど，現代の日本でもさまざまな舞踊文化が存在しています。日本の古典芸能といわれる能や歌舞伎の世界でも伝統を継承しつつ，新たな表現の取り組みが模索されています。また，劇場という枠組みを超え，路上やインターネット上でもさまざまな芸術としての舞踊が，演劇や映像とも融合しつつ，豊かに展開されています。一方，「すべての人へ」のベクトルとして，インクルーシブなダンス，つまり健常者から障がいのある方までダンスの道は開かれており，乳幼児から高齢者まで，治療的な役割を果たす「ダンスセラピー」，スポーツ的要素の高い「チアリーディング」「エアロビクスダンス」など，多様な舞踊文化が広がっています。

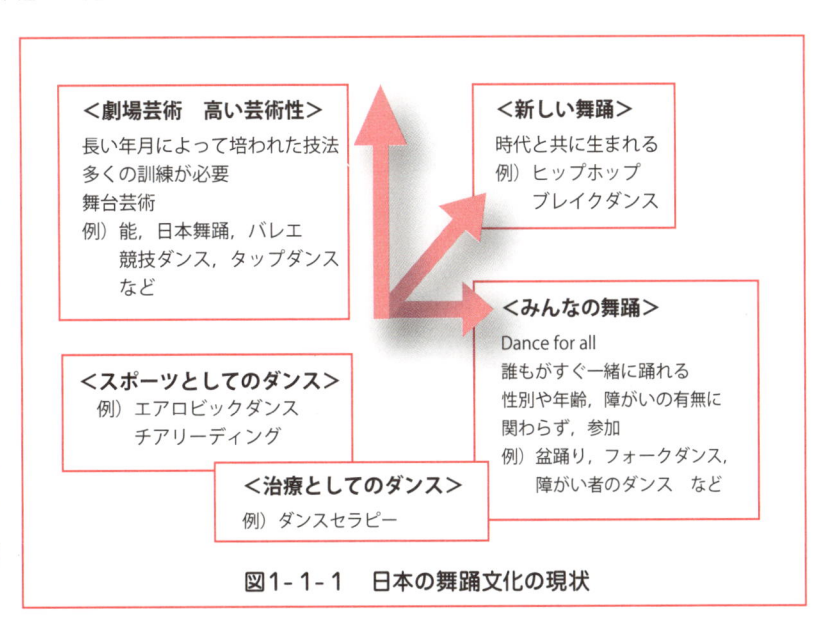

＜劇場芸術　高い芸術性＞
長い年月によって培われた技法
多くの訓練が必要
舞台芸術
例）能，日本舞踊，バレエ
　　競技ダンス，タップダンス
　　など

＜新しい舞踊＞
時代と共に生まれる
例）ヒップホップ
　　ブレイクダンス

＜スポーツとしてのダンス＞
例）エアロビックダンス
　　チアリーディング

＜みんなの舞踊＞
Dance for all
誰もがすぐ一緒に踊れる
性別や年齢，障がいの有無に
関わらず，参加
例）盆踊り，フォークダンス，
　　障がい者のダンス　など

＜治療としてのダンス＞
例）ダンスセラピー

図1-1-1　日本の舞踊文化の現状

③幼児期における身体表現

　幼児期の子どもたちは，ぴょんぴょん跳びはねたり，くるくる回ったり，ぐっと伸びあがったりと，いろいろな動きを日常生活の中で行っています。その動きが子どものそのときの言葉にできない感情や想い，内的イメージを表していることも多くあります。具体的にみていきましょう。

●事例1：公園でのAくん
　次の3つの事例は，公園で約1時間，Aくん（男児，3歳11か月）とその母親とのやり取りを観察した結果から得たものです。

◆エピソード1
　公園内は1歳児が多く，みんなが滑り台を見あげていた。その中，Aくんが滑り台に登り，すーっと滑り降りてきた。それから横のギャロップステップをトーントーントントンと3回した。そして，「もういっきにのぼちゃった」と楽しそうに言った。

◆エピソード2
　お母さん　：「自転車，とっていらっしゃい」
　Ａ　くん　：「いやだよ」
　お母さん　：「じゃ，おかあさんとじゃんけんして負けた方が取りに行くんだよ」
　Ａ　くん　：「うん」
　お母さん　：「わかった？　いい？」
　Ａ　くん　：「うん，わかった」
　　　　　　　「じゃんけんぽん」
　Aくんがチョキ，お母さんがパー。
　Aくんは，にっこり笑い，お母さんが自転車を取りに行くのを見ながら，横のギャロップステップを3回し，片足ジャンプ，スキップと一連の動きで，喜びを表現しているようだった。

◆エピソード3
　公園の入り口に1m20cmほどの塀がある。
　3歳児たちが，お母さんに乗せてもらっていた。
　Aくんも少し離れた所にいる母まで，走っていき，塀を指差す。
　Aくん：「ママ，ここにのりたいの」
　母親が乗せてあげると満足そうに微笑む。
　他の母親：「もう危ないから，降りなさい」
　それを聞いてAくんは，お母さんにおろしてと腕をのばす。
　お母さんがAくんを抱いておろすと，笑いながら，横のギャロップステップをくり返した。

　Aくんの事例では，滑り台や塀から降りるという落下の感覚と，「自分ができた」「勝った」という満足の体験が，横のギャロップステップ[*1]という動きを導き出しています。Aくんの場合，ちょうどギャロップを習得したところで，自分が今できる最高の動きで嬉しい気持ちを表現していたと考えられます。

Ⅰ. 理論編　1. ようこそ！素晴らしい身体表現の世界へ

> ● **事例2：小高い丘に登ったRくん（4歳2か月）**
> 　Rくんが小高い丘に登りました。頂上に立った喜びは二重丸なのか，お山なのか，全身で頑張って登った喜びがあふれ，表現しています。
> 　このように，注意深く観察していくと，とても嬉しいとき，満足したとき，その子なりの素敵な表現を見ることができます。

　また，幼児期にはイメージの世界のものになりきって，身体表現を楽しみます。恥ずかしさもなく，一気に変身の世界に入り込み，全身で表現してあそぶことができるのも幼児期の身体表現の特徴です。もうひとつ具体的な事例をみてみましょう。

> ● **事例3：ウルトラヒーローが大好きなRくん**
> 　怪獣たちをやっつけるウルトラヒーローが大好きなRくんは，いつでも正義の味方になって動きます。「ヤー」「トォー」とひとりでも，友だちとも楽しく戦いごっこでヒーローになりきってあそんでいます。

　このように，幼児は，日常の世界と非日常のイメージ世界の行き来の中で，自発的に身体でさまざまなことを表現しています。

　片岡康子は，「日常的身振りや行動ということばによらない身体表現が重要なものとして存在している」[2] と指摘しています。さらに松本千代栄は，幼児の身体表現を「幼児教育の目標のすべてにかかわる心身活動として，生命の基本的欲求をみたし，事物や他者に目覚め，感動を湧かせて幼児の成長発達を育む，感覚的，創造的（主体的）な心身の遊び」[3] ととらえています。

　幼児期の素晴らしい身体表現の世界を見落とさず，一人ひとりの表現を認めていくことが大切です。幼児期に自分の身体表現を受け止めてもらう経験こそ，自分が思ったように表現してよいのだという自信につながり，自己有能感を高めていきます。また，ときには保育活動として意図的に仕組まれた中で表現していくことによって，子ども一人ひとりの中で身体表現の蓄積と創出がくり返されていきます。

---

[1] 横のギャロップステップとは，バスケットボールでのディフェンスなどでも使う運動技能であり，ターンタと弾むリズムのこと。
[2] 片岡康子「舞踊の意味と価値」，舞踊教育研究会編『舞踊学講義』大修館書店，pp.2-11，1991
[3] 松本千代栄，舞踊文化と教育研究の会編『松本千代栄撰修2　人間発達と表現　－幼・小』明治図書，p.248，2008

④ 歴史にみる幼児の身体表現

子どものあそびや文化の歴史的研究によると、子どもの身体表現（舞踊・ダンス）と子どもの歌には深いつながりがあるようです。

いわゆる「わらべ唄」の原形は、平安時代の書に残されています。そして江戸時代には、寺子屋を媒介としてわらべ唄が発展したといわれています。そのわらべ唄には、子どもたち自身があそびのために歌をつくりだし、動きをつけた模倣的なあそびも多く存在しました[1]。現在でも、たとえば手遊びとしてあそび継がれているものもあります。また、昭和の初め頃からあそばれてきた「あぶくたった」や「ことしのぼたん」などは、鬼役の子とそのほかの子がいくつかの問答（会話）を楽しみながら、その会話を身体で表現し合います。このあそびは"鬼ごっこ"ですが、身体表現あそびともいうことができるでしょう。このように子どものあそびのなかで身体表現あそびは、子どもにとって身近なもので、ごく自然なかたちで存在していました。

ここでは、我が国初の"幼稚園"が誕生した明治時代から現代にいたるまでを中心に、幼児教育における身体表現あそびの変遷をたどりながら、理解を深めていきましょう。

1）明治時代

明治維新によって誕生した明治政府は、欧米諸国の文化を急速に取り入れ、明治5（1872）年に、近代的な教育制度である「学制」を公布しました。ここに幼児の教育機関として「幼稚小学」が設けられましたが、実際には、この規定に基づいて開設された幼稚園小学校はありませんでした。我が国の幼稚園第1号は、明治9（1876）年に創設された東京女子高等師範学校（現、お茶の水女子大学）附属幼稚園とされています[2]。この幼稚園は、フレーベルの理論に基づき、あそびを中心とした自己活動を展開する場を提供することを重視していました。

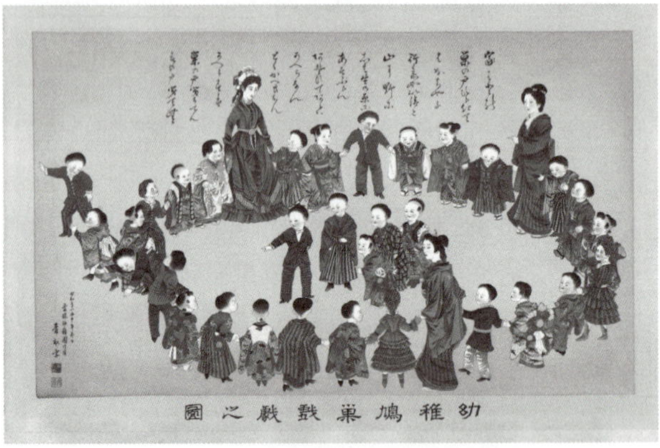

東京女子師範学校附属幼稚園が開設される2年前（明治7年）に、近代日本の音楽教育の第一人者といわれる伊澤修二[4]が、フレーベルの書に「歌うことに動作をつけて行わせることは、子どもの活動性を増すことである」という一文を見出し、保育唱歌をつくり、それに振りを付けて歌

図 1-1-2　幼稚鳩巣戯劇之圖（複製）[3]
資料）お茶の水大学女子大学デジタルアーカイブスより転載
(http://archives.cf.ocha.ac.jp/exhibition/da/da0018.html)

---

* 1　全日本児童舞踊協会「児童舞踊100年史」編集委員会『日本の子どものダンスの歴史―児童舞踊100年史』社団法人全日本児童舞踊協会、p.16, 2004
* 2　当時の資料はほとんどないが、私設幼稚園としては、明治6（1873）年に京都の建仁寺付近に外国人によって開設されたとされる鴨東幼稚園が最初とされている（日本保育学会『日本幼児保育史　第1巻』日本図書センター、2010）。
* 3　女子高等師範学校附属幼稚園の園児たちが歌を歌いながらあそぶ、開園当時の保育のようすを描いている（武村耕靄 画／1852-1915）。主任保姆の松野クララ、および保姆豊田芙雄、近藤浜の姿もある。原画は大阪市立愛珠幼稚園に所蔵されている（お茶の水大学女子大学デジタルアーカイブスなどより作成）。
* 4　伊澤修二：明治、大正期の日本の教育者であり、近代日本の音楽教育の第一人者。

いながら動く（踊る）ことを積極的に取り入れました。そして，それを「唱歌遊戯」と名付け[*1]，唱歌遊戯は幼児教育上，欠かせないものだと，文部省へ提言しました。この唱歌遊戯は，東京女子師範学校附属幼稚園で，初代主席保母の松野クララ，豊田芙雄や近藤濱らによって組織的に取り組まれました。当初は，保母が外国の歌詞を翻訳したり，自ら創作したりしていました。たとえば，フレーベルの「鳩舎」という歌が「家鳩」となり，保母や子どもたちが輪になって遊戯をしたとあります（図1-1-2）。

当時の校長であった中村正直が「唱歌は女子教育と幼稚園の保育には貴重な教科である」とし，その作曲を宮内庁式部楽部の伶人（雅楽を演奏する人）に依頼しました。資料によると振り付けにも伶人がかかわっていたようです[*2]。このように，当時，唱歌遊戯は幼稚園の保育内容として大きな存在でした[*3]。

また，興味深いことは，この当時すでに「保育者は子どもに寄り添う」という立場に立ち，保母の心得に「遊戯をする際は教師も子どもと同じ心になって遊ぶ」ように，と書かれていることです。

2）大正時代～戦前の昭和時代

大正時代は関東大震災や第一次世界大戦があり，激動の時代でしたが，新たな文化が芽生えた時期でもあります。たとえば「芸術として真価ある純麗な童話と童謡を…」「童話と童謡を創作する最初の文学的運動」との主張で，『赤い鳥』が刊行されました（大正7年）[*4]。この「童謡」の誕生は，幼児教育に多大な影響を与えたといえます。また，子女の健康と教養として「舞踊」[*5]を修得させる機運が高まっていました。幼児教育においては，土川五郎[*6]がそれまでの唱歌遊戯・行進遊戯[*7]の形式的なあり方に疑問をもち，子どもにふさわしい，リズム感にあふれ，しかも美的な遊戯の開発と指導に熱心に取り組みました。

大正10（1921）年には，倉橋惣三[*8]が編集顧問となった絵本雑誌『コドモノクニ』が創刊され，野口雨情や北原白秋らが童謡を掲載し，中山晋平らがその作曲を担当しました。この童謡には，振り付けも掲載され，その担当となったのが，土川でした。また，倉橋は大正14（1925）年に「幼児の教育」という雑誌に，「幼児の舞踊について」という論考を寄せ，「幼児の舞踊は撲素，簡単，形は自由，味は野趣，優美よりは溌刺，技巧よりは自然でありたい」と論じています。

大正15（1926）年4月に「幼稚園令」が制定され，その保育内容には，「遊戯」「唱歌」「観察」「談話」「手技」が入っていました。この遊戯には，自由遊びと律動遊戯のふたつの意味が含まれていました。この律動遊戯とは，リトミック，表情遊戯，ダンス，創作舞踊など，音楽や唱歌をともなった集団遊戯のことを指しています[*9]。

[*1] 輿水はる海「ダンスの変遷（一）」，「幼児の教育」日本幼稚園協会，p.24, 1979
[*2] 曽我芳枝「唱歌遊戯の成立過程に関する研究：『雅楽録』にみられる『保育唱歌』の作成過程から」，「体育学研究53」一般社団法人 日本体育学会，p.298, 2008
[*3] 明治14年発表の保育科目には，「唱歌」「遊戯」「体操」があり，翌年発表の改版には，「体操」がはずされていた。
[*4] 明治34（1901）年，滝廉太郎編著『幼稚園唱歌』が発売されましたが，そこに記された序文によれば，この本は幼児の唱歌遊戯用に作られたものであった。
[*5] 坪内逍遥の「新楽劇論」（1908年）でdanceの訳語として舞踊（ぶよう）が使われた。舞踊とは，坪内逍遥と福地桜痴による，日本の伝統的なダンスである舞（まい）と踊り（おどり）であり，造語である。
[*6] 土川五郎（1872-1947）：明治43（1910）年，麹町小学校校長兼幼稚園園長に就任し，自ら創作した律動遊戯を教える。大正6（1917）年，文部省主催の夏期保育講習会の遊戯指導者を委嘱される。律動遊戯および表情遊戯は幼児の心身に即応した理想的なものであるとして，当時，全国に普及した。リズミカルな歌曲に動作をつけた律動遊戯，童謡や幼児向きの歌詞に動作を振り付けた童謡遊戯，表情遊戯を考案。
[*7] 集団の隊形やダンスステップの習得を中心とした「行進遊戯」は，歌のない楽曲を用いた。その一部には，海外から輸入したフォークダンスの曲を使用したものもあり，後にフォークダンスへと発展したといわれる。
[*8] 倉橋惣三（1882-1955）：教育学者，児童心理学者。東京女子高等師範学校教授，附属幼稚園主事。日本保育学会創設，初代会長。「保育」「幼稚園保育」とは異なる「就学前の教育」という言葉を用いた人物といわれている。
[*9] 全日本児童舞踊協会「児童舞踊100年史」編集委員会『日本の子どものダンスの歴史―児童舞踊100年史』社団法人全日本児童舞踊協会，p.16, 2004

昭和に入り，軍国主義的体制の強化にともなって，幼児教育における遊戯も鍛錬的な要素が色濃くなりつつありました。しかし，そのような中でも，土川やその教え子である戸倉ハル[*1]らは，幼稚園における遊戯の意義と価値を主張し，擁護し続けました。戸倉ハルは，戦時中，女子高等師範学校の助教授として，昭和11年及び16年の学校体操教授要目（現在の学習指導要領）の改正委員となりましたが，軍の統制が厳しくなる中「唱歌遊戯」の名前でダンスの内容を守った人物としても有名です。この当時は，腕の上げ下ろしの角度にも制限があり，使う音楽も振り付けも軍の検閲がありました。このような状況下でも，戸倉は「唱歌遊戯は生徒・児童の自然の活動性に適応して唱歌に伴ふ表現的動作に依り，全身の発育と健康とを助長し，快活な精神を養ふのを要旨とする。それ故に教授するに当たっては，児童の自然性を尊重して自発的に行わせるやうに注意し，技術の末に拘泥してその活動を制限しないやうに心懸けなければならぬ」と，一貫して主張していました。また，唱歌遊戯の本質を「子どもの模倣的本能を土台とし，自然的発表動作を基礎として作り出されたもの」「遊戯の動作なるものは，誰が考え出すよりも，誰が作り出すよりも，子ども等の自由表現に待つべきものであると思ふ」と述べています。さらに，指導する側についても，「子ども等に教えると云う事よりも，子ども等にらくらくと自由に表現させる志向を起こさせることこそよき指導者，よき保母であると思ふ」と述べており，このことは，現在の身体表現の理念となんら変わりがありません。戦時中の強い統制下で，このように幼児に寄り添う考え方を主張し続けたことは，注目すべき点です。

図1-1-3　戸倉ハルの著書[*2]
資料）戸倉ハル『うたとゆうぎ集』トツパン，1953
写真提供：長嶋和興（カズのフォークダンス関連書籍：『うたとゆうぎ集』の表紙画像 http://homepage3.nifty.com/bar-kazu/book/B-19.html より）

戦後，戸倉は多くの唱歌遊戯を創作し，誌上発表しました。その作品のなかには，「鳩ポッポ体操」など，今でも受け継がれているものも多くあります。

3）戦後〜現在

昭和22（1947）年，当時の文部省青少年教育課長坂元彦太郎の発言[*3]を受け，翌，昭和23（1948）年，文部省が試案として刊行した保育要領の中からは，「遊戯」が消え「リズム」が現れました。そして，昭和31（1956）年に刊行された「幼稚園教育要領」では「健康」「社会」「自然」「言語」「音楽リズム」

[*1] 戸倉ハル（1896-1968）：昭和8（1933）年より東京女子高等師範学校で教鞭をとる。戦中は要目委員としてダンスの教育的価値を主張し，これを守り続けるなど，昭和前期の舞踊教育における中心的役割を果たした。日本女子体育連盟会長。

[*2] 動植物の模倣や歌詞にそった当て振り，心情をあらわす手を中心とした振りなどがもりこまれ，ところどころに「自由に」「子どもにまかせて」など，子どもの自発性を尊重する解説もみられる。「子どもにふさわしい既成作品をまず学び，創作へ繋げる」ことを主張している。

[*3] 坂元彦太郎『幼児教育の構造』で，戦前の唱歌遊戯，律動遊戯を「たましいのない，外からのわくにはまった「おゆうぎ」であり，「おどり」のまねでしかなかった」と批判し「遊戯」という語にさまざまな意味があり，混乱を招くので，名前の統一を図り，「リズム」とすると主張した。しかし，この言動は十分な吟味を得て行われたものとは考えられず，むしろそれまで培い，育んできた我が国の保育史上重要である内容をあっさり捨て去ってしまったと名須川は指摘している（名須川知子『唱歌遊戯作品における身体表現の変遷』風間書房，p.365，2004）。

「絵画製作」の6領域が示されました。保育要領（試案）の「リズム」は「音楽リズム」となり，これまでの「遊戯」などをどこで扱うのか，混乱は続きました。

　1989（平成元）年に幼稚園教育要領の第2次改訂が行われましたが，ここでは，6領域が改められ，「健康」「人間関係」「環境」「言語」，そして，「表現」の5領域となりました。この「表現」には，身体表現が含まれますが，改訂当初は，旧教育要領の「音楽リズム」と「絵画制作」が「表現」という1つの領域に統合されただけと理解した保育者もいました。また，内容についても，園によって取り扱われ方に大きな差があるようです。

　現代は「ダンスの時代」といわれ，私たちの周りにはさまざまなダンスが溢れています。平成20年3月に告示された中学校学習指導要領の改訂で，中学校保健体育において，中学1,2年のダンスが必修となりました。これにともない「ダンス」が就学前の習い事として，急激に注目を集めています。子ども向けのストリートダンスとして「キッズダンス」も人気がありますが，中には，商業主義に乗った華美な演出も見受けられます。選ぶことができる時代だからこそ，改めて歴史から子どもにとっての身体表現の意義を学び，内容を考えていきましょう。

● 参考文献 ●

・全日本児童舞踊協会「児童舞踊100年史」，編集委員会『日本の子どものダンスの歴史―児童舞踊100年史』社団法人全日本児童舞踊協会，2004
・輿水はる海「ダンスの変遷（一）」，「幼児の教育」1979
・曽我芳枝「唱歌遊戯の成立過程に関する研究：『雅楽録』にみられる「保育唱歌」の作成過程から」，「体育学研究53」2008
・名須川知子『唱歌遊戯作品における身体表現の変遷』風間書房，2004
・松本千代榮『こどもと教師とでひらく表現の世界』大修館，1993
・舞踊文化と教育研究の会編『松本千代榮撰集　第2期―研究編3　舞踊教育史・比較舞踊学領域』明治図書出版，2010
・小林輝子「幼児教育における舞蹈の存在」，「大阪府立大学社会問題研究25」1975
・坂元彦太郎「『遊戯』考（上）：幼稚園初期における唱歌遊戯」，「幼児の教育」1968
・長井（大沼）覚子「大正から昭和初期の倉橋惣三における唱歌・遊戯論」，「白梅学園大学・短期大学紀要50」2014
・松本千代榮・香山知子「明治期の舞踏的遊戯―その精神と技術の様相―」，「舞踊學4」舞踊学会，1981
・小川清実『子どもに伝えたい伝承あそび』萌文書林，2001

② I. 理論編
身体表現による
コミュニケーション

　私たち人間は、生まれてすぐに立ったり、話したりできず、ひとりでは生きていけません。そのため、私たちは生まれたときから人を求めて、全身で表現します。

　赤ちゃんは、全身を使って泣くことで自分の気持ちや欲求を表現します。そして、必死に泣いている赤ちゃんを見たまわりの大人は、「おなかが空いているのだろうか」「眠いのだろうか」「寂しいのだろうか」と、その表現を受け止め、応えようとします。自分の表現が受け止められる経験の積み重ねは、安心感や信頼感を生み、さらなる豊かな表現につながっていきます。さらに最近では、赤ちゃんはただ自分の感情を表現するだけではなく、人の表情や体の動きに関心をもち、相手の表現を受け取りながらかかわっていることもわかってきました。つまり、人が人とコミュニケーションをとるということは本能的なものであり、人は「自分以外の誰かとかかわりたい」と生まれながらに思う生き物なのです。

　このように、人と人とのかかわりである「コミュニケーション」と「表現」は、切っても切れない関係にあります。どんな人も、ひとりでは育つことができず、どんな人もどこかのコミュニティ（共同体）に属し、人とのかかわりの中で生きています。そのようなかかわりの中に身を置いているからこそ、表現は、自分ひとりで完結するものではなく、ほかの人との双方向の関係性の中で熟されていきます。

　私たちは、日常生活の中で意識していなくても、自然と体で自分を表現し合いながら人とかかわっています。また、同じ場所で同じように共に流れる時間を共有するだけで、気持ちをも共有することもあります。このようなかかわりの中で、私たちはお互いを知っていきます。つまり、表現することは、人と人とがかかわるうえで、欠くことのできないコミュニケーション手段なのです。さらに、子どもは、私たち以上に、言葉の代わりに体全身を使って世界を感じ、その心の動きを表現しています。そして、その表現の仕方は、一人ひとり異なり、実に多様です。自分の考える枠にその子どもの気持ちを押しこめるのではなく、一人ひとりの表現を受けとめながらかかわれるよう心がけていきましょう。

　では、日常生活において、私たちは意識的・無意識的にどのような身体表現をしているのでしょうか。大人も子どもも共通の身体表現、および、子どもの身体表現について考えていきましょう。

①ノンバーバル・コミュニケーションとしての身体表現

> ●やってみよう
> 　「おはよう」「元気？」「またね」などは、毎日する挨拶です。隣の人と「こんにちは」という言葉だけを使って挨拶をしてみましょう。ほかの言葉は一切話してはいけません。そして、できればたくさんの人たちとも挨拶をしてみてください（あまりよく知らない人であればあるほどいいですね！）。

さて，挨拶を通じて，相手の何を見て，何を聞き，何を感じたでしょうか。そして，人によってどのような違いがあったでしょうか。また，それはどんなところでしたか。どちらが先に声を発したか，相手の表情，声の大きさ，高さ，速さ，アイコンタクトの長さ，体全体の姿勢…。

使う言葉は「こんにちは」と皆同じだったとしても，受け取った印象は，人によって違っていたのではないでしょうか。なぜなら，それは皆さんが，言葉だけではなく，相手の身体丸ごとから発せられた表現も同時に受け止めたからなのです。その結果，言葉は同じでも，相手から受け取るメッセージが違うのです。

1) ノンバーバル・コミュニケーションとは

私たちは，言葉を使って他者と意思の疎通を図っていますが，使っているのは言葉だけではありません。
アメリカの心理学者マレービアンは，人が相手の気持ちや態度をどこから受け取るかという実験で，55％は顔の表情から，38％は声のトーンや大きさなどから，そして残りの7％が話す言葉の内容であるという結果を明らかにしました。このことから，93％は話している言葉の内容以外から，相手の気持ちや考えを読み取っているということが明白となりました。

このように，言葉以外による表現を，「ノンバーバル（非言語）・コミュニケーション」といいます。

私たちは，特別に意識をしていない時でも，自然とこのようなノンバーバルなかかわりを行っています。たとえば，友人に「元気？」ときいて，「元気だよ」と言葉では言っていても，目を伏せ，小声で言われれば，「本当は元気ではないのだな」「何かあったのかな」と言葉とは異なるメッセージを読み取ります。また，歩き方ひとつ意識してみても，にこやかに背筋を伸ばして軽やかに歩く人を見れば，「気分がよさそうだな」と感じますし，うつむき加減でゆっくり歩いている人がいれば，「考え事をしているのかな」「嫌なことがあったのかな」と自然に相手の感情を感じ取るでしょう。

このように，私たちの心と体には，切っても切れない関係性があり，自然と湧きあがってくる心の動きが，ノンバーバルな表現として表れるのです。

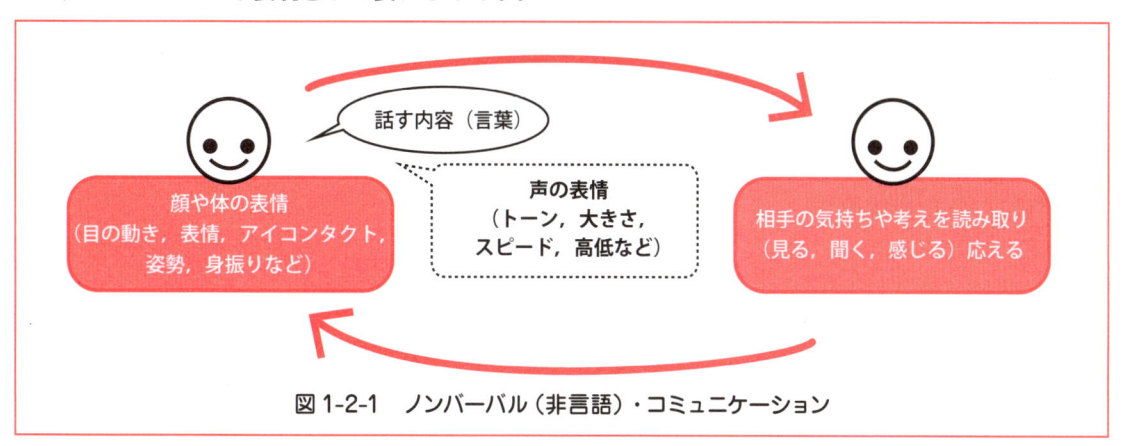

図1-2-1　ノンバーバル（非言語）・コミュニケーション

2) 体を通じて共有する気持ち

表情や身振りで伝え合う以外にも，ノンバーバルにかかわりあう表現があります。

●共にはずむ体と心

遊びの最中，楽しくなってはずみ始めた友だちを見ていた子どもが，同じようにはずみ始め，そのうちに2人で笑いながら，手をとりあって一緒にはずみ出す，ということがあります。

このときの子どもたちは，動きを共有したことで，気持ちをも共有し，互いの楽しい気持ちが倍増し

たと考えられます。このように，同じ時空間で同じ行動をすること（身体的同調や相互同調，共振と呼ばれています）は，気持ちを共有し，喜びや哀しみを分かち合うことにつながります。写真のお母さんも，子どもと同じ動きをすることで，子どもの楽しい気持ちを共有し，共振していることを表しています。

　ノンバーバルな表現は，言葉でのコミュニケーションほど内容を具体的に伝達し合わないかもしれません。しかし，だからこそ，時に私たちの意識を超えて，雄弁に語り合い，共感し合います。言葉が未発達な子どもだからこそ語る，雄弁な身体表現を見逃さない目と共振する姿勢をもちたいですね。

●**やってみよう　探してみよう　考えよう**

まわりの人（子ども）たちを見て，動きが同調している場面を見つけてみましょう。
そして，どのような気持ちを共有しているのか考えてみましょう。

●**探してみよう　考えよう　体と心のつながりを感じる言葉**

　日本語には，身体表現を組み込んだ言葉の表現が実にたくさんあります。「胸をなでおろす」「肩を怒らせる」「逃げ腰になる」…など，頭，目，肩，腰，体の部位ごとに考えてみましょう。さらにそれぞれの意味を考え，動きにしてみるとどのようになるか実際にやってみましょう。

---

② 日常生活におけるジェスチャー

　これまでみてきたように，私たちは無意識にでも，自分の心や頭の中にある思いや考えを身体で表現し合っています。さらに，相手に何か伝えようと意図したときに行われる身体表現もあります。

1）意図された身体表現，ジェスチャー

　言葉にすると長くなってしまう，あるいは言葉にはすぐにできない内容を，相手に伝わるように意識的に行う体の表現を「ジェスチャー」といいます。

　ジェスチャーには，「これは何？」「あれ見て！」という時に方向を示す「指さし」といった直接的な表現と，挨拶を示す「お辞儀」や同意を示す「うなずき」といった象徴的な表現とがあります。

　直接的な表現（直示的身振り）は，特に乳児によくみられます。「あれ見て！」と言葉では言わなくても，「あー！」とどこかを指さされると，思わずその方向を見てしまいます。これは，乳児の外の世界への関心を示すものであると同時に，自分が発見したことや疑問を，ほかの人と共有したいという想いが働いていることを表しています。

　象徴的な表現（象徴的身振り）には，たとえば，「ちょっと通して下さい」と言うときに，手を縦にふる，了解を意味して親指と人差し指をくっつけるなどがあります。このような表現の中には，意図的でありながらも，私たちが無意識に，自然にしている動きもあるかもしれません。

> ● やってみよう　探してみよう　考えよう
> 　改めて，身のまわりの人や子どもたちが，どのようなジェスチャーを行い，そして，その背景にどのような意図や思いがあるのかを考えてみましょう。どんなジェスチャーを発見できましたか。また，どんな思いを伝えようとしているのでしょうか。仲間と話し合ってみましょう。

2）大人から学ぶ動き

> ● バイバイ，またね
> 　1歳にもならないくらいの子どもを抱っこしているお母さんと保育者がおしゃべりしています。
> 　別れ際，「〇〇ちゃん，さようなら，バイバイ」と保育者が子どもの目を見て手をふりました。それを見たお母さんも，子どもの目を見て，「ほら，バイバイだよ」と言いながら自分の手をふりました。すると，子どももお母さんや保育者の手を見て同じように手をふりました。

　この事例は，人と別れるときには，「バイバイと言って手をふる」という意味を子どもが学んでいる場面です。また，大人が伝えなくても，私たち大人が無意識にしている表現を，子どもたちが自然に見て，学びとる場合もあります。このように，子どもは，体の動きと，それにともなう意味とのつながりを，まわりの大人から学び，表現方法の幅を広げていきます。つまり，ジェスチャーは学ばれる身体表現であり，私たちがしている身体表現が，子どもの身体表現にも影響を与えているのです。

3）あそびの中でのジェスチャー

> ● あそんで体験してみよう
> 　あそびの中には，なりきって表現するあそびがいろいろあります。たとえば，こんなあそびをしたことはありますか。あそんだことがない人は，是非とも挑戦して，表現あそびを楽しんでみましょう。
> ① ジェスチャーゲーム
> 　犬やうさぎといった動物や人物，身近にある物などのお題に合わせて体で表現し，それを見ている人が当てるというゲームです。
> ② だるまさんの1日（p.134参照）
> 　日常生活の中での動きを表現するあそびです。

　これらのあそびが成立するためには，私たちがジェスチャーとその意味を共有していることが不可欠です。私たちが当たり前のように行っているジェスチャーも，ほかの国では通じなかったり，違う意味としてとらえられたりすることがあります。なぜなら，ジェスチャーは学ばれる身体表現であるがゆえに，それぞれの国や文化によって異なっているからです。国や文化で共有している風土や環境，生活習慣に応じて，共有される動きが生まれます。そしてその動きの表現が生活の中で積み重なり，共有されるジェスチャーとなっていきます。したがって，同じ国や文化で育まれたそのジェスチャーを共有している場合には，言葉では表現しにくい事柄も伝わりやすく，とても便利なものなのです。上記のあそびは，そのような国や文化圏で共有される身体文化を培うあそびです。

4）一人ひとりが活きる表現とは何だろう

　このように，ジェスチャーは，言葉を越えて伝わりやすく，とても便利なものです。しかしその一方で，画一化した表現の受け取りにならないよう留意する必要があります。たとえば，「泣く」という表現方法をひとつとってみても，そこに起こる感情は「悲しい」という意味だけとは限りません。単純に悲しいときだけではなく，友だちと喧嘩した悔しさから「泣く」，お母さんと離された寂しさから「泣く」，ひとりで頑張っていた緊張感から解放された安堵から「泣く」。そのほかにも，嬉しいとき，感動したときなど，いろいろな感情で「泣く」という表現が生まれます。一見同じような表現でも，その内面で起こる感情は皆同じではありませんし，また，その感情の深さも，一人ひとり違うはずです。そのような子どもの表現を受け止めるためには，その時だけの表現だけではなく，その前後で起こっているさまざまな出来事によって表出される子どもの気持ちを，細やかに読み取ることが大切です。

　私たち大人は，便利な表現方法であるジェスチャーを伝えると同時に，それだけに留まらず，子どもたち一人ひとりの思いをしっかり受け止めるように，一人ひとりから溢れる身体表現を意識して考えていきたいですね。

③ 幼児の身体表現によるコミュニケーション

１）欲求場面における身体表現

　言葉によるコミュニケーションが未発達な幼児期には，子どもとコミュニケーションがうまくとれず，悩む保護者が多くいます。この時期の子どもとコミュニケーションをとるためには，子どものノンバーバルな表現からもその欲求や思いを理解していくことが必要です。

　「母親が子どもの発する日常のノンバーバルな表現をどのように理解しているのか」について，母親92名へアンケート調査を実施した研究があります。子どもの欲求場面である「空腹（おなかすいた）」「睡眠（ねむい）」「排尿（おしっこ）」「排便（うんち）」「遊び（あそぼう）」において，子どもがどのように訴えるかを具体的に尋ねてみました。分析では，動きそのものを「身体部位」「動作」「ダイナミクス（時間性・力性）」「空間性」「関係」の5つのカテゴリーに，さらに「言葉」「特になし」を加えて，合計7つのカテゴリーに分類し，母親の全記述554件に当てはめ，欲求場面での母親が理解する子どもの表現の特徴や傾向を検討しました。得られた自由記述を分類し，発達過程をもとに，「何も表現しない（1点）」，「動きで表現する（2点）」，「動きと言葉で表現する（3点）」，「言葉で表現する（4点）」と点数化して欲求ごとに回帰直線で示し，月齢による推移まとめたのが図1-2-2です。

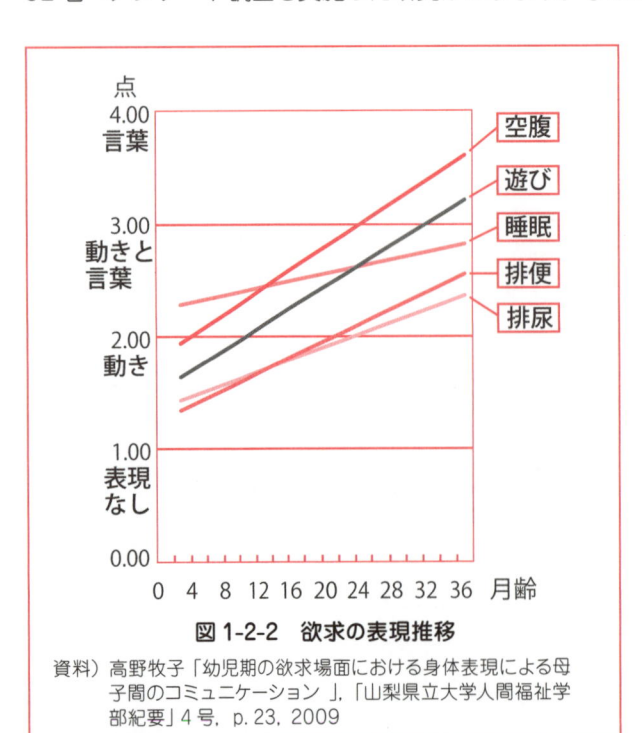

図1-2-2　欲求の表現推移

資料）高野牧子「幼児期の欲求場面における身体表現による母子間のコミュニケーション」，「山梨県立大学人間福祉学部紀要」4号，p.23，2009

この図をみると,「空腹」「遊び」は急速に言葉による表現へと発達していくのに対し,「睡眠」は言葉への発達が鈍く,「排便」「排尿」は遅れるという発達の順序性が分かります。「空腹」は,生存に不可欠な欲求ですが,それと同じくらい「遊ぶ」欲求も母親には伝わりやすく,子どもたちの希求が明確なことが興味深いです。「睡眠」については,子どもたち自身が寝てしまえば,欲求は満たされますので,言葉への移行は鈍いと考えられます。

　また,各欲求場面に応じて子どもの表現に一定の傾向や特徴が認められました。

　「空腹」では食べる動作などの象徴的身振りや実際に食べ物のある「空間」への移動,「睡眠」では「目をこする」「寝る」「暴れる」などが特徴でした。「排尿」は「言葉による訴えがまだない」との回答が多く,「もじもじする」といった動きからの感じ取りは少ないという結果でした。優れた紙おむつで子ども自身の気持ち悪さがなく,母親自身も子どものようすではなく,一定の時間で紙おむつを替える傾向にも原因があるかと考えられます。「排便」は,「隠れる」「動きが止まる」ことが特徴であり,「遊び」は「外を指さす」などの直示的身振りのほか,「手を引っぱる」「物を持ってくる」など,直接母親への身体接触をともなって訴えてくることが多いことがわかりました。つまり,子どもが該当の「身体部位」に触れる,特徴的な「動作」をする,欲求するものがある「空間」へ移動する,「関係」を求めることは,母親にとって,とても理解しやすい子どものノンバーバルな表現なのです。

2）幼児期の感情表現

> **●やってみよう　探してみよう　考えよう**
>
> ① ＜嬉しい（幸福感）・悲しい・怖い・怒る・嫌だ・驚き＞
> 　これらの感情は,万国共通といわれています。さて,既成概念にとらわれず,あなたらしくこれらの感情を体で表現するとしたらどのような動きになるでしょうか。「こんな時の嬉しい気持ち」「また別の,こんな時の嬉しい気持ち」と具体的に考えながら,ひとつの表現だけではなく,さまざまな表現を考え,仲間同士で見せ合ってみましょう。自分自身の表現方法のひきだしを増やすことは,子ども一人ひとりの異なる表現を受けとめる際のヒントとなります。
>
> ②子どもの場合は,どうでしょうか。町や幼稚園・保育所などで,子どもたちを身体表現の視点から観察してみましょう。そして,上記の感情を表現する際,子どもはどのようなノンバーバルな表現をしているでしょうか。あるいは,子どもたちの身体表現を見て,どのような感情が表されていると感じたでしょうか。記録し,仲間と話し合ってみましょう。

　では,子どもの感情表現を,保護者はどのように読み取り,対応しているのでしょうか。

　1～2歳の子どもをもつ母親54名にアンケート調査を実施し,「怒った時」「嬉しい時」「怖い時」「悲しい時」「甘えたい時」に子どもはそれぞれどのような表現をし,母親はどのように対応するのか,質問してみました。

　その結果,母親は子どもの「怒り」「嬉しい」「悲しい」感情表現を身体部位や動作,ダイナミクス（時間性・力性）の3つのカテゴリーで70％以上記述していたのに対し,「怖い」「甘えたい」感情表現は母親への関係と言葉の2つのカテゴリーの記述が40％以上と多くありました。具体的な動作として,「嬉しい時」にはジャンプや回旋動作が特徴的であり,「怒り」「怖い」「悲しい」時には,その泣き方の差を,母親は身体部位やダイナミクス（時間性・力性）から理解していました。

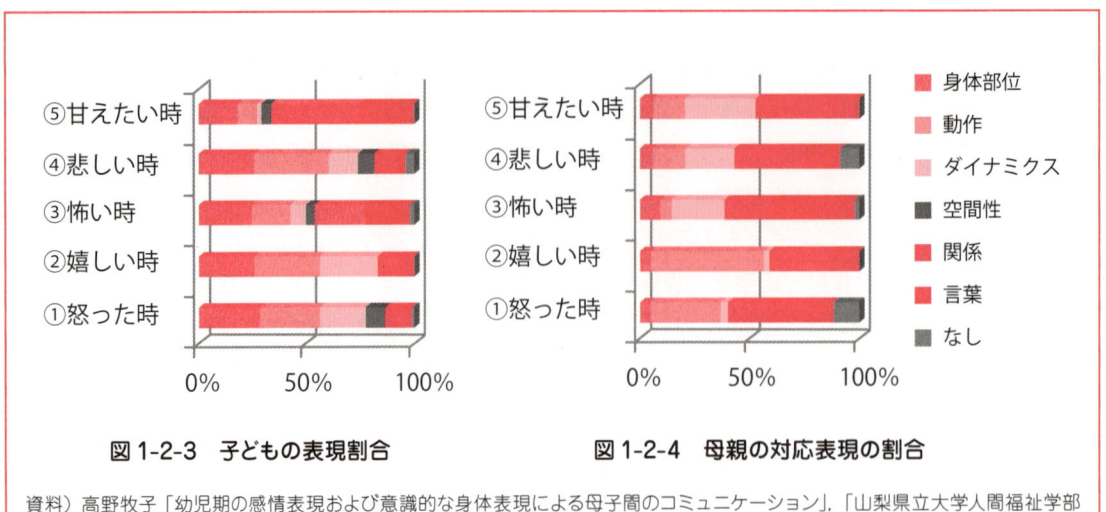

図 1-2-3　子どもの表現割合　　　　図 1-2-4　母親の対応表現の割合

資料）高野牧子「幼児期の感情表現および意識的な身体表現による母子間のコミュニケーション」,「山梨県立大学人間福祉学部紀要」5 号, p. 19, 2010 を一部改変

一方，母親の対応は，「嬉しい時」には同じ動作で対応する割合が 56％と高く，子どもと一緒に同じ動作をして喜びを共感し，子どもと思わず共振していることが示されました。それ以外の感情表現に対しては，子どもを抱きしめ，言葉で感情を落ち着かせる対応が 40％以上を占めました。

3）模倣

行動分析学の立場から，シュリンガー[*1]は模倣を「ある人（観察者）が他者（モデル）の行動を観察した結果，前者の行動が後者の行動と似ていることである」と定義しています。このような二者間での動きのやりとりは，発達の中で重要な役割をになっています。また，ワロン[*2]は，生後 6 か月ほどで，自分がやったばかりの身振りを自分の前で誰かが再現すると，これを子どもが反復するという即時模倣が起こり，次にモデルの身振りを知覚しただけで模倣ができるようになり，さらにモデルが現前の刺激状況の中で知覚されなくても起こる遅延模倣へと発展し，心的イメージが介在して，自分の体で表すことができるとしています。

模倣表現とコミュニケーションの関係性について，麻生　武[*3]は「模倣はコミュニケーションの発達に密接に結びついている」とし，浜田寿美男[*4]は「模倣を行うことで，お互いが＜投げかけ－受け止める＞という'間身体験'が交わされ，対人関係やコミュニケーションに密接に結びついている」ことを指摘しています。つまり，模倣という動きのやりとりは，自分と他者とを明確にし，コミュニケーションを図る基本となっているのです。

しかし，大人が子どもの動きから子どもの内的なイメージを理解するためには，同じイメージを共有していることが重要です。先の母親へのアンケート調査では，子どもの得意なポーズを具体的に尋ねた結果，多くは子ども独自のものではなく，ピースサインのような社会的に認識されているサインでした。また，変身遊びでは，身近な動物や家族のしぐさ，TV ヒーローの動きを模倣した身体表現があげられました。これらは，母親と子どもが一緒に見ているもので，母親が子どもの身体表現を簡単に理解し，共有できると考えられます。一方，一人ひとりの子どもが感じたまま表した創造的な身体表現については記述が少なく，子ども自身の独創的な身体表現についてはなかなか理解がむずかしく，見落としている可能性が危惧されます。

自由で開放的で楽しいと感じる雰囲気の中で行う模倣としての身体表現あそびは，身体接触を積極的

に行う体を通しての活動と共に，同じイメージを共有して，共にからだを動かすことによってコミュニケーションしています。同じような動きを行うことによって，気持ちを共有し，コミュニケーションを高めていく活動なのです。

　幼児期のコミュニケーションは，動きを通したやりとりに大きく依存しています。子どもの何気ない動きをよく見て，その動きを大人と子ども，あるいは子ども同士で模倣しあうことを通して，互いの思いが共有され，一致したときにあそびが成立します。

　コミュニケーションが促進される要因として，「同じ動きを模倣し合うこと」は重要です。このような模倣しあう内容を多く含む創造的身体表現活動は，正にコミュニケーションの基盤を作る活動といえるのです。

---

*1　シュリンガー Jr., H.D.A Behavior Analytic View of Child Development, Plenum Press,1995（園山繁樹，根ヶ山俊介他訳『行動分析学から見た子どもの発達』二瓶社，pp.176，1998）
*2　ワロン，浜田寿美男 訳編『身体・自我・社会：子どものうけとる世界と子どもの働きかける世界』ミネルヴァ書房，1983
*3　麻生　武「模倣と自己と他者の身体」，岡本夏木 編著『認識とことばの発達心理学』ミネルヴァ書房，pp.37-60，1988
*4　浜田寿美男『「私」とは何か』講談社，1992

● 参考文献 ●

・喜多壮太郎『ジェスチャー　考えるからだ』金子書房，2002
・菅原和孝・野村雅一 編『コミュニケーションとしての身体』大修館書店，2006
・鍋倉健悦 編『異文化コミュニケーションへの招待』2002
・砂上史子「ごっこ遊びにおける身体とイメージ」，「保育学研究第38巻2号」pp.41-48，2000
・高野牧子「幼児期の欲求場面における身体表現による母子間のコミュニケーション」，「山梨県立大学紀要第4号」pp.21-29，2009
・西　洋子「保育者と身体性」，「保育学研究　第39巻1号」pp.12-19,2001
・森　司朗「幼児の『からだ』の共振に関して一対人関係的自己の観点から」，「保育学研究第37巻2号」pp24-30，1999
・岡本夏木，浜田寿美男『発達心理学入門』岩崎書店，1995

3 Ⅰ. 理論編 発達過程からみる乳幼児の身体表現

　この時期は運動機能の発達が著しいだけでなく，対人的なかかわりから生まれる「情緒の発達」，かかわりの広がりからもたらされる「社会性の発達」もみられ，心身面で大きく発達をとげるのが特徴です。そのため，この時期には発達をふまえた身体表現を取り入れることで，子どもの運動能力の獲得をうながすだけでなく，人と人との信頼関係の基盤を築くことが期待できます。
　「子どもの発達」とは，どのようなものなのでしょうか。保育所保育指針(平成20年3月改定)では，乳幼児期の子どもの発達について，表1-3-1のようにまとめられています。

表1-3-1　保育所保育指針「第2章 子どもの発達　1. 乳幼児期の発達の特性」

(1) 子どもは，大人によって生命を守られ，愛され，信頼されることにより，情緒が安定するとともに，人への信頼感が育つ。そして，身近な環境(人，自然，事物，出来事など)に興味や関心を持ち，自発的に働きかけるなど，次第に自我が芽生える。 (2) 子どもは，子どもを取り巻く環境に主体的に関わることにより心身の発達が促される。 (3) 子どもは，大人との信頼関係を基にして，子ども同士の関係を持つようになる。この相互の関わりを通じて，身体的な発達及び知的な発達とともに，情緒的，社会的及び道徳的な発達が促される。 (4) 乳幼児期は，生理的，身体的な諸条件や生育環境の違いにより，一人一人の心身の発達の個人差が大きい。 (5) 子どもは，遊びを通して，仲間との関係を育み，その中で個の成長も促される。

資料）資料：厚生労働省「保育所保育指針(平成20年3月改定)」より抜粋

　このように発達していく子どもにとって，最初に出会う社会が幼稚園や保育所です。ここで保育者に出会い，保育者の介在によって友だちとかかわれるようになり，さらに社会的側面が発達し，子どもの世界がひろがっていくのです。
　子どもの表現は，子どもの発達と深いかかわりがあります。
　乳児期の子どもの表現には，特に身体表現と音楽表現，さらに言語表現の境目がありません。発達にともなってさまざまな表現が相互に作用し，豊かな表現につながっていきます。発達を理解し，表現の特性をふまえることで，それぞれの子どもの発達状況に適した表現あそびを提供することができます。子どもは表現あそびを通して，自分の表現をすることを楽しみ，認められて，自己肯定感が育っていきます。特に身体表現では，身体を思い切り使って表現するため，気分発散ができ，身体を動かすことの喜びや自己表現・自己解放の喜びを体験することができます。さらに，身体を動かしながら仲間とかかわる力が育っていくことも考えると，身体表現は，ぜひ，乳幼児期に積極的に取り入れたい表現あそびであるといえます。
　では，表1-3-2などをふまえて，乳幼児の身体表現発達をさらに詳しくみていきましょう。

① 乳幼児期（おおむね6か月未満～おおむね2歳）の発達

1）おおむね6か月未満

　自己表現は，「眠い」「おなかがすいた」などの生理的な欲求をあらわす表現から，自分に応対的にかかわってくれる人に対して微笑むようになり，さらに母親や親しく接してくれる人と見知らぬ人との区別がついて表情に違いがあらわれてきます（社会的微笑など）。

　この時期には，「いないいないばあ」に代表されるような，大人が表情や声を使って子どもにかかわるあそびや，「ちょちちょちあわわ」「いっぽんばしこちょこちょ」などのように，わらべ歌をうたいながら子どもに触れる要素のあるあそびなどを選び，大人が一対一で子どもにかかわってあそぶようにするとよいでしょう。その際，高い声の方が聞き取りやすいという子どもの特質を考慮し，大人は普段の自分の声よりも高めの声を出すようにしてみましょう。また，笑顔でかかわるということを意識するよりも，一緒にスキンシップを楽しむつもりであそんだりするよう心がけましょう。

　この時期の子どもは言葉を話せませんが，笑顔や笑い声でしっかり「楽しい」という気持ちを表現します。

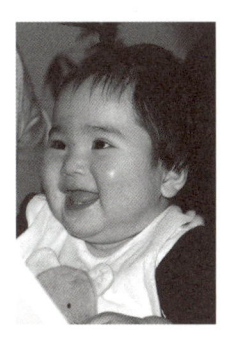

▲視線の先にはママの笑顔（6か月未満）

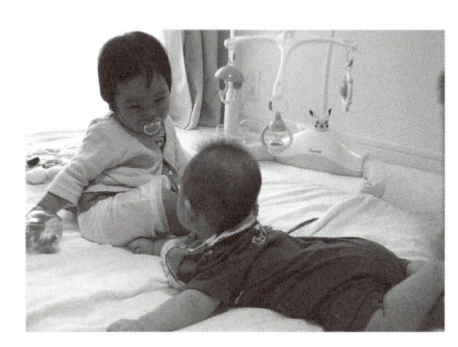

▲赤ちゃん同士もアイ・コンタクト（6か月未満）

表1-3-2　発達過程と身体表現（おおむね6か月～おおむね1歳3か月未満）

	おおむね6か月未満	おおむね6か月～1歳3か月未満
身体面の発達	・誕生後，母体内から外界への急激な環境の変化に適応し，著しく発達。 ・首がすわり，手足の動きが活発になる。 ・寝返り，腹ばいなど全身の動きが活発になる。	・座る，はう，立つ，つたい歩きといった運動機能が発達し，手が自由に使えるようになる。 ・腕や手先を意図的に動かせるようになることにより，周囲の人や物に興味を示し，探索活動が活発になる。 ・簡単な動きを模倣することができる
音楽面の発達	・まわりでの物音，話し声の方向をじっと見る。 ・音に興味をもち，音の出るものを喜ぶ。 ・単調な泣き声から，感情を訴える泣き方に変わっていく。	・大人にうたってもらうことを楽しく感じる。 ・大人のうたに合わせて，からだを揺らしたり，リズムをとったりする。
その他の発達	・視覚，聴覚などの感覚のめざましい発達。 ・泣く，笑うなどの表情の変化や体の動き，喃語などで自分の欲求を表現し，これに応答的にかかわる特定の大人との間に情緒的な絆が形成される。	・目の前で行われる動作を模倣できるようになる（即時模倣）。 ・特定の大人との応答的なかかわりにより，情緒的な絆が深まり，あやしてもらうと喜ぶなどやり取りが盛んになる一方で，人見知りをするようになる。 ・身近な大人との関係の中で，自分の意思や欲求を身振りなどで伝えようとし，大人から自分に向けられた気持ちや簡単な言葉が分かるようになる。
身体表現に関するキーワード	◎著しい発達 ◎特定の大人との情緒的な絆	◎運動発達－「座る」から「歩く」へ ◎活発な探索活動 ◎即時模倣 ◎愛着と人見知り ◎言葉の芽生え

資料）厚生労働省「保育所保育指針　解説書（平成20年3月改定）」
　　　木村鈴代 編『たのしい子どものうたあそび』同文書院，p.9, 2013 より筆者作成

2）おおむね6か月から1歳3か月未満

　周囲の人や物に興味を示し，身近な大人との関係の中で，自分の意思や欲求を指さしや身振りなどで伝えようとします。また，10か月くらいからは，バンザイや，手を口に当てて「アワワ」とするしぐさなど，大人の簡単な動作を模倣できるようになってきます。1歳過ぎまでの模倣は，「即時模倣」と呼ばれるものですが，単に大人がやって見せるだけでなく，子どもの手を持って一緒に手遊びをすることにより，自然と自分でも手あそびの中の動きを楽しむようになってきます。そして，次第に大人にやってもらっていた「いないいないばあ」や「ちょちちょちあわわ」なども，自分からやって見せたりするようになります。

　このような発達状況を考慮し，この時期は「あがりめさがりめ」「あたま・かた・ひざ・ポン」などの単純な動きのものをくり返すあそびを選択し，その中で反応のよい歌や手遊びをみつけて，あそびこんでいくようにするとよいでしょう。

　リズムを楽しむという面では，子どもを抱っこして，歌や音楽に合わせて揺らしたり，座位が安定してきたら大人の膝に座らせ，抱っこして揺らしたりすることでリズムを楽しむことができます。しかし，身体的には姿勢がまだ不安定ですので，激しく揺らさないように気をつけ，頭と首，背中をしっかり手で支えて揺らすようにしましょう。

表1-3-3　発達過程と身体表現（おおむね1歳3か月～おおむね2歳）

	おおむね1歳3か月～2歳未満	おおむね2歳
身体面の発達	・歩き始め，脚力やバランス力がつく。 ・歩く，押す，つまむ，めくるなど，さまざまな運動機能の発達や新しい行動の獲得により，環境に働きかける意欲を一層高める。	・歩く，走る，跳ぶなどの基本的な運動機能や，指先の機能が発達し，指示に合わせて自己調整ができるようになってくる。 ・排泄の自立のための身体的機能も整ってくる。 ・盛んに模倣し，物事の間の共通性を見出すことができるようになるとともに，見立てなど象徴機能の発達により，大人と一緒に簡単なごっこ遊びを楽しむようになる。
音楽面の発達	・美しいものを好み，楽しむ。 ・好きな絵本やうたが出てくる。 ・身近な音楽に親しみ，それに合わせたからだの動きを楽しむ。	・大人と一緒にうたったり，手あそびをしたりしてあそぶ。
その他の発達	・物をやり取りしたり，取り合ったりする姿が見られる。 ・頭の中でイメージできるようになり，思い出されたイメージをもとに模倣することができる（遅延模倣）。 ・玩具等を実物に見立てるなどの象徴機能が発達し，人や物とのかかわりが強まる。 ・大人の言うことが分かるようになり，自分の意思を親しい大人に伝えたいという欲求が高まる。 ・指差し，身振り，片言などを盛んに使うようになり，二語文を話し始める。	・発声が明瞭になり，語彙も著しく増加し，自分の意思や欲求を言葉で表出できるようになる。 ・行動範囲が広がり探索活動が盛んになる中，自我の育ちの表れとして，「自分で」「いや」と強く自己主張する姿が見られる。
身体表現に関するキーワード	◎行動範囲の拡大 ◎遅延模倣 ◎象徴機能と言葉の習得 ◎周囲の人への興味・関心	◎基本的な運動機能の獲得と，自己調整機能の発達 ◎言葉を使うことの喜び ◎自己主張 ◎象徴機能の発達（イメージの広がり）

資料）厚生労働省「保育所保育指針　解説書（平成20年3月改定）」
　　　木村鈴代 編『たのしい子どものうたあそび』同文書院，p.9, 2013 より筆者作成

3）おおむね１歳３か月から２歳

　言葉の理解が進み，２歳くらいでは語彙も著しく増加します。そして，歩く，走る，跳ぶなどの基本的な運動ができるようになるばかりでなく，２歳前半では「速い―遅い」「強い―弱い」「高い―低い」などの動きを自己調整し始め，言葉に合わせて動作を開始・制止することに挑戦するようになります。

　静止姿勢では直立や，モデルがあれば開脚，背伸び，股のぞきができるようになります。また，両手を前に伸ばしたり，上にあげたり，片足をあげたりなど，上肢，下肢にもうひとつ制御を加えるという姿勢ができ始めます[*1]。また，手遊びでも好きなうたや音楽に合わせて動くだけでなく，自らうたって手遊びができるようなってきます。そのため，家庭でよく見る機会のある乳幼児向けのテレビのダンスや，「トントントントンひげじいさん」「あおむし（キャベツのなかから）」といったくり返しのある手遊びを楽しむようになってきます。

　そして，１歳半を過ぎると遅延模倣ができるようになり，２歳くらいになると，大人と一緒にままごとなどの簡単なごっこあそびができるようになります。電車ごっこやバスごっこなどでは，「ガタンゴトーン」「ブッブー」と大人がかけ声をかけ，うたいながらあそぶことで，簡単な表現あそびにも発展させることができます。また，動物に対して興味をもつようになり，さまざまな動物の認識ができるようになってきます。これらを考慮し，大人の動きを模倣してあそぶ「まねっこ遊び」や，「パンダうさぎコアラ」などの応答的な手遊びなども取り入れて，たくさんあそびましょう。

　この時期は，スキンシップも大事です。単純にムギューッと抱きしめるだけでも心地よいですが，大人の背中にまたがってあそぶ「おうまさん」，足の甲の上に立たせて一緒に歩く「ペンギン歩き」，膝に座らせて揺らす，両手をつないで一緒にジャンプをする，大きめのバスタオルやシーツに寝かせてハンモックのように揺らしてあげるなど，たくさんのスキンシップを取り入れ，ふれあうことの心地よさや楽しさ，喜びを経験することが大切です。

▲ふとした瞬間にも踊りがあふれ出て（１歳半）

②幼児期前半（おおむね３歳～おおむね４歳）の身体表現

１）おおむね３歳

　基礎的な運動能力が育つので，２歳の頃よりも複雑な動きを取り入れたリズムダンスや体操を，日々のあそびの中に取り入れて，楽しめるとよいでしょう。

　この時期の特徴として，友だちと一緒にあそび始めるという点があげられますが，「かかわり」というよりも，「平行遊び」が多い時期といえます。また，想像力が目覚ましく発達する時期でもあるため，子どものお気に入りの絵本を使った表現あそびを楽しむことができるようになります。たとえば，「浦島太郎」に出てくる竜宮城を題材にし，カラフルな布を身につけて海の生き物としてあそんでみる，というように，絵本の物語をなぞりつつも，子どもの自由な発想力を活かした表現あそびをしてみるとよいでしょう。表現あそびをする際に子どもの想像力をかきたてるようなＢＧＭを流してみたり，保育者

[*1] 河原紀子監修，執筆『０～６歳子どもの発達と保育の本』学習研究社 ,p.36, 2011

がピアノや打楽器などを使って動きのきっかけ出しをしたりすると，さらに子どもの表現の世界が広がっていきます。

　また，固定観念に縛られない自由な発想を楽しめる時期ですので，生き物ではないものになりきることもできます。たとえば，保育者が「新聞紙になってみよう」と声をかけて，新聞紙をひらひらさせたり，くしゃくしゃに丸めたり操作して見せると，まるで新聞紙そのものになったかのように，子どもたちは自由に表現を楽しみます。この時期は，変身したり，なりきったりすることが楽しくてしかたない時期ですので，保育者も子どもと一緒に表現することを楽しむつもりで，ぜひ多くの時間を表現あそびにあててみましょう。

▲ママに向かってキメ・ポーズ!!

表1-3-4　発達過程と身体表現（おおむね3歳～おおむね4歳）

	おおむね3歳	おおむね4歳
身体面の発達	・基礎的な運動能力が育ち，歩く，走る，跳ぶ，押す，引っ張る，投げる，転がる，ぶらさがる，またぐ，蹴るなどの基本的な動作が一通りできるようになる。 ・「～しながら…する」ことができるようになってくる。 ・さまざまな動作や運動を十分に経験することにより，自分の体の動きをコントロールしたり，自らの身体感覚を高めていく。	・しっかりとした足取りで歩くようになるとともに，全身のバランスをとる能力が発達し，片足跳びをしたり，スキップをするなど，体の動きが巧みになってくる。 ・活動的になり，全身を使いながらさまざまな遊具やあそびなどに挑戦するなど，運動量も増す。 ・手先も器用になり，ひもを通したり結んだり，はさみを扱えるようになる。 ・あそびながら声をかけるなど，異なる二つの行動を同時に行えるようになる。
音楽面の発達	・同じあそびやうたをくり返すことを楽しむ。 ・音楽に親しみ，うたったり，簡単なリズム楽器を使ったりする楽しさを味わう。	・同じあそびやうたをくり返すことを楽しむ。 ・感じたこと，考えたことを音や動きで表現する。
その他の発達	・話し言葉の基礎ができて，盛んに質問するなど，知的興味や関心が高まる。 ・自我がよりはっきりしてくるとともに，友達とのかかわりが多くなるが，実際には，同じあそびをそれぞれが楽しんでいる平行遊びであることが多い。 ・大人の行動や日常生活において経験したことをごっこ遊びに取り入れたり，象徴機能や観察力を発揮して，遊びの内容に発展性がみられるようになる。 ・予想や意図，期待をもって行動できるようになる。	・自然など身近な環境に積極的にかかわり，さまざまな物の特性を知り，それらとのかかわり方やあそび方を体得していく。 ・想像力が豊かになり，目的をもって行動し，つくったり，かいたり，試したりするようになる。 ・自分の行動やその結果を予測して不安になるなどの葛藤も経験する。 ・仲間とのつながりが強くなる中で，けんかも増えてくる。 ・決まりの大切さに気づき，守ろうとするようになる。 ・感情が豊かになり，身近な人の気持ちを察し，少しずつ自分の気持ちを抑えられたり，我慢ができるようになってくる。
身体表現に関するキーワード	◎運動機能の高まり ◎言葉の発達 ◎友達との関わり（平行あそび） ◎ごっこ遊びと社会性の発達	◎全身のバランス ◎巧緻性の高まり ◎身近な環境への関わり ◎想像力の広がり ◎葛藤の経験 ◎きまりに対する意識 ◎自己主張と他者の受容 ◎豊かな感情

資料）厚生労働省「保育所保育指針　解説書（平成20年3月改定）」
　　　木村鈴代 編『たのしい子どものうたあそび』同文書院，p.9，2013 より筆者作成

2）おおむね4歳

　運動量が増し，全身のバランスをとる能力が発達します。そのため，音楽に合わせて動いていくなかで，「カエルさんのようにジャンプ！」「ありさんのように小さく走る」「音が止まったよ。ストップ！」など，保育者の不意の指示に対して，機敏に反応し，動くことができるようになってきます。また，想像力が豊かになってきますので，たとえば手遊び「グーチョキパーでなにつくろう（p.68）」のアレンジを，子ども自身で考えさせてみてもよいでしょう。

　この時期の大きな特徴は，社会性が芽生えてくることです。クラスの決まりや，遊具であそぶときの決まりを意識できるようになり，「自分はまだ玩具を使っていたいけれど，貸してあげる」などの自制心が出てきます。「保育者と自分」の関係から，「友だちと自分」という関係が築けるようになってきますので，小グループごとに発表することで仲間意識がもてるようになり，友だちの発表を鑑賞することで，自分たちの表現と友だちの表現の違いに気づくようになります。表現する意欲や楽しさを育てていくためには，グループのそれぞれよいところを認め合えるように，保育者が言葉かけをしていくとよいでしょう。

③ 幼児期後半（おおむね5歳～おおむね6歳）の身体表現

1）おおむね5歳

　大人とほぼ同様の動きが可能となり，体全体をつかった複雑な運動をするようになってきます。また，心肺機能も高まってきますので，長めの音楽でリズミカルに踊ることも楽しめるようになってきます。

　友だちと言葉による共通イメージをもってあそぶことができるようになり，「～したら，○○になるのでは」という予測や，少し先の見通しが立つようになります。また，自立心や仲間意識も芽生えてきますので，前出の「グーチョキパーでなにつくろう」のような手遊びや，「友だちとくっついて素敵なおうちや，車をつくってみよう」などといった簡単な表現あそびにグループで取り組み，見せ合うことをくり返し行うとよいでしょう。その際，保育者は，慣れないグループ活動の仲介役として，ひとりずつの意見をきいたり，「それは面白いね」「どちらもよい考えだけれども，どうしたらいいかな？」「どういうところがいいと思う？」といった助言をしたりして，子どもたちの自主性，協調性を尊重し，配慮していく必要があります。

2）おおむね6歳

　体力もつき，いろいろな種類の運動あそびを経験したい時期です。役を演じるごっこ遊びでは，豊かな設定の役割が生まれ，複雑に展開されていきます。また保育者の援助を得ながら，「おみせやさんごっこ」や「○○まつり」を園のリーダーとして運営していくことを楽しみます。単なる思いつきではなく，日ごろの観察で得ている情報から，自分たちなりの意見を述べ合い，認め合い，調整しながら進めていくことで，仲間意識や人を思いやる心も育っていきます。

　運動会や生活発表会などでも，このような発達の特徴を考慮し，幼稚園や保育所の中での最年長者としての意識の高まりを軸にして，「お客様に発表する」と

いうことを目標に，練習過程を大事にしながら取り組んでいきましょう。また，保育者が「表現する」という意識を子どもたちから引き出すことによって，友だち同士で意見を出し合いながら練習する姿が見られるようになります。晴れの舞台で「自分たちがつくった」作品を発表することは，子どもに達成感と大きな自信をあたえます。ぜひとも機会をみつけて「自分たちが考えた動きを取り入れて踊る・表現する」体験を組み入れてみたいものです。

　そのためには，日常から身体表現あそびをたくさん取り入れて，想像したことを表現し，表現を工夫することを楽しめるようにしていくことが必要です。子どもの表現には，子どもの内面の成長や心の豊かさが現れます。それと同時に，ひとつの表現が，さらに表現しようとする意欲を引き出していきます。保育者は，絵本や自然事象など，テーマを柔軟に設定しながら，友だちとイメージを共有することや，表現を工夫すること，それらを発表することで，子どもが楽しさや達成感を味わえるように，身体表現あそびを計画していきましょう。

表1-3-5　発達過程と身体表現（おおむね5歳〜おおむね6歳）

	おおむね5歳	おおむね6歳
身体面の発達	・大人が行う動きのほとんどができるようになる。 ・縄跳びやボール遊びなど，体全体を協応させた複雑な運動をするようになり，心肺機能が高まる。 ・鬼ごっこなど集団遊びなどで活発に体を動かしたり，自ら挑戦する姿が多く見られるようになる。 ・手先の器用さが増し，小さなものをつまむ，紐を結ぶ，雑巾を絞るといった動作もできるようになる。	・全身運動が滑らかで巧みになり，身体的な成熟と機能の発達に加え，全力で走り，跳躍するなど快活に跳び回り，自信をもって活動するようになる。 ・子どもの表現には，子どもの内面の成長や心の豊かさが現れ，ひとつの表現がさらに表現しようとする意欲を高めていく。
音楽面の発達	・音楽に親しみ，みんなと一緒に聴く，うたう，踊る，楽器を弾くなどして，音色の楽しさやリズムの楽しさを味わう。	・言葉の意味を理解して，気持ちを込めてうたう。
その他の発達	・言葉によって共通のイメージをもって遊んだり，目的に向かって集団で行動することが増える。 ・遊びを発展させ，楽しむために，自分たちで決まりをつくったりする。 ・自分なりに考えて判断したり，批判する力が生まれ，けんかを自分たちで解決しようとするなど，お互いに相手を許したり，異なる思いや考えを認めるといった社会生活に必要な基本的な力を身につけていく。 ・他人の役に立つことを嬉しく感じるなど，仲間の中のひとりとしての自覚が生まれる。	・年長として自覚や誇りをもった姿がみられるようになる。 ・自信や，予想や見通しを立てる力が育ち，心身共に力があふれ，意欲が旺盛になる。 ・仲間の意思を大切にしようとし，役割の分担が生まれるような協同遊びやごっこ遊びを行い，満足するまで取り組もうとする。 ・さまざまな知識や経験を生かし，創意工夫を重ね，あそびを発展させる。 ・思考力や認識力も高まり，自然事象や社会事象，文字などへの興味や関心も深まっていく。 ・身近な大人に甘え，気持ちを休めることもあるが，さまざまな経験を通して自立心が一層高まっていく。
身体表現に関するキーワード	◎運動能力の高まりと集団遊び ◎イメージの共有 ◎目的のある集団行動 ◎思考力の芽生え ◎仲間の中の人としての自覚	◎巧みな全身運動 ◎見通しを立てる力 ◎自主と協調の態度 ◎さまざまな事象への興味・関心の高まり ◎思考力と自立心の高まり ◎創意工夫によるあそびの発展

資料）厚生労働省「保育所保育指針　解説書（平成20年3月改定）」
　　　木村鈴代 編『たのしい子どものうたあそび』同文書院，p.9，2013より筆者作成

④学童期への接続

1）幼児期からの系統的学習

　小学校では，表現運動系も体育の授業の一環として扱われますが，保育園・幼稚園児等から小学生になったといっても，「表現する」ことに関して境界線があるわけではありません。特に1年生は幼児期からのつながりを意識して，「遊び」的要素や「スキンシップ」などを適宜盛り込んだ授業を行うように心がけてほしいものです。また，幼児期に行った身体表現などは，体育の授業だけではなく，小学校に入学した際やクラス替え後のアイスブレイク[*1]などにも役に立つでしょう。

2）小学校（体育授業における）身体表現

　小学校では，体育の授業は『文部科学省小学校学習指導要領解説体育編』の内容に沿って進めます。この中で，表現運動系およびダンスの授業は，表1-3-6のように発達段階をふまえて，領域と内容が示されています。また，表1-3-7のように，何を教えればよいのか学習指導も明記されています。単元や授業を計画する際には，学習指導要領の（表1-3-6・表1-3-7・表1-3-8）を元に，児童の実態に合わせて立案しましょう。

　授業のポイントは，「表現遊び」も「リズム遊び」も簡単な変化とメリハリをつけて，即興的な表現ができるようにすることです。そして，教師自身が児童の輪の中に入り，一緒に動きながらリードすることが大切です。表現あそびは「児童をそのものになりきらせること」，リズム遊びは「とにかく弾ん

表1-3-6　小学校における表現運動系及びダンスの授業づくり

学年	領域	内用
低学年	表現リズム遊び	表現遊び リズム遊び
中学年	表現運動	表現 リズムダンス
高学年	表現運動	表現 フォークダンス

資料）文部科学省『小学校学習指導要領解説体育編（平成20年6月）』

表1-3-7　低学年の表現リズム遊び「運動の特性」と「学習指導」

運動の特性	・「表現遊び」「リズム遊び」は，身近な動物や乗り物などの題材の特徴をとらえて，そのものになりきって全身の動きで表現したり，軽快なリズムの音楽に乗って踊ったりして楽しむことができる運動遊びである。 ・友達といろいろな動きを見つけて踊ったり，みんなで調子を合わせて踊ったりして楽しむ運動遊びである。 ・リズム遊びは，中学生の「リズムダンス」と高学年の「フォークダンス」へのつながりを考慮して，簡単なフォークダンスを軽快なリズムに乗って踊る内容を指導に含めることができる。
学習指導	・「表現遊び」「リズム遊び」の両方の遊びを豊かに体験する中で中学生からの表現運動につながる即興的な身体表現能力やリズムに乗って踊る能力，コミュニケーション能力などを培うようにする。 　そのためには，児童の身近で関心が高く，具体的で特徴のある動きを多く含んだ題材や弾んで踊れるような警戒なリズムの音楽を取りあげるようにし，1時間の学習の中に「表現遊び」と「リズム遊び」の2つの内容を組み合わせたり関連をもたせたりするなど，いろいろなものになりきりやすく，律動的な活動を好む低学年の児童の特性を生かした学習指導の進め方を工夫することが大切である。

資料）文部科学省『小学校学習指導要領解説　体育編（平成20年6月）』p.8, p.18-20, pp.34-36 より作成

[*1]　初対面の人同士が出会う時，その緊張をときほぐすための手法。集まった人を和ませ，コミュニケーションをとりやすい雰囲気をつくり，そこに集まった目的の達成に積極的にかかわってもらえるよう働きかける技術を指す。たとえば，自己紹介をしたり，簡単なゲームをしたりすることが多く，いくつかのワークやゲームの活動時間全体を指すこともある。

表 1-3-8　第1学年及び第1学年の目標　F 表現リズム遊び

第1学年及び第2学年の目標及び内容
F 表現リズム遊び

(1) 技能

> (1) 次の運動を楽しく行い，題材になりきったリズムに乗ったりして踊ることができるようにする。
> 　　ア　表現遊びでは，身近な題材の特徴をとらえ全身で踊ること。
> 　　イ　リズム遊びでは，軽快なリズムに乗って踊ること。

ア　表現遊び

　身近な動物や乗り物などのいろいろな題材の様子や特徴をとらえて，そのものになりきって全身の動きで楽しく踊る。

〔題材と動きの例示〕

○ 鳥，昆虫，恐竜，動物園などの動物や飛行機，遊園地の乗り物など，児童にとって身近で関心が高く，特徴のある具体的な動きを多く含む題材
　・いろいろな題材の特徴や様子を「○○が○○しているところ」
　　（サルが木登りをしているところ，小鳥がえさをついばんでいるところ，カマキリが敵と戦っているところなど）
　　のような具体的な動きでとらえ，跳ぶ，回る，ねじる，這う，素早く走るなど，全身の動きに高・低の差や速さの変化をつけて即興的に踊ること。
　・動きの中に「大変！○○だ」（池に落ちた，サメが襲ってくるなど）
　　このような急変する場面を入れて簡単な話にして続けて踊ること。

イ　リズム遊び

軽快なリズムの音楽に乗って弾んで自由に踊ったり，友達と調子を合わせたりして楽しく踊る。

〔リズムと動きの例示〕

○ 弾んで踊れるようなやや速いテンポのロックやサンバなどの軽快なリズムの曲や児童にとって身近で関心の高い曲
　・リズムに乗って，弾む，回る，ねじる，スキップするなどの動きを繰り返して即興的に踊ること。
　・友達と手をつないだり，まねをしたりして踊ること。
※「内容の取扱い」で示されているフォークダンスを含めて指導する場合の〔リズム（踊り）と動きの例示〕
○ ジェンカ（フィンランド），キンダーポルカ（ドイツ），タタロチカ（ロシア）など，軽快なリズムと易しいステップの繰り返しで構成される簡単なフォークダンス
　・スキップやランニングなどの簡単なステップで，音楽に合わせてみんなで踊ること。

(2) 態度

> (2) 運動に進んで取り組み，だれとでも仲よく踊ったり，場の安全に気を付けたりすることができるようにする。
> 　　ア　表現遊びやリズム遊びに進んで取り組むこと。
> 　　イ　きまりを守り，だれとでも仲よく踊ること。
> 　　ウ　友達とぶつからないよう場の安全に気を付けること。

(3) 思考・判断

> (3) 簡単な踊り方を工夫できるようにする。
> 　　ア　表現遊びやリズム遊びの基本的な動き方を知り，楽しく踊るための動きを選んだり，友達のよい動きを見付けたりすること。
> 　　イ　題材やリズムの特徴を知り，それに合った動きを選んだり見付けたりすること。

資料）文部科学省『小学校学習指導要領解説　体育編（平成20年6月）』pp.34-36

で踊ること」を中心に考えます。これらの教師行動は，保育者が行っているものとほぼ同じといっても過言ではありません。

低学年各内容を通しての目標は，以下の2つです。

> (1) 簡単なきまりや活動を工夫して各種の運動を楽しくできるようにするとともに，その基本的な動きを身に付け，体力を養う。
> (2) 誰とでも仲よくし，健康・安全に留意して意欲的に運動をする態度を育てる。

とにかく楽しく運動している中で，各種の運動の基礎基本の動きを身に付け，体力を向上させるような授業を心がけることが大切です。また，表現リズム遊びにおいては，「表現あそび」と「リズム遊び」を分けるより，1時間の中に2つの内容を組み合わせて授業を行っている先生方が多いようです。

3) 表現リズムあそびの評価

小学校の評価は，「関心・意欲・態度」「思考・判断」「技能」の3観点あります。そのなかでも「思考・判断」の評価は，授業中の子どもたちのようすからだけでは，なかなか評価しにくい現状があります。

そのような場合には，下記のような学習カードを活用するのがオススメです。

> 〔例〕 ◎よくできた ○できた △もうすこし に色をぬるなど
> ・リズムにのって楽しくおどることができた　　　　◎　○　△
> ・おともだちとなかよくたのしく学しゅうできた　　◎　○　△
> ・ともだちのじょうずなうごきをみつけられた　　　◎　○　△
> ・○○などになってつづけておどることができた　　◎　○　△

小学校では体育授業の一部となり，評定をつけるようになりますが，身体表現の根本となる「楽しく身体を動かし，表現する」ということは幼児期と同じです。子どもたちが夢中で取り組む表現運動系およびダンスの授業をぜひ実現させましょう。

● 参考文献 ●

・厚生労働省『保育所保育指針解説書』2008
・河原紀子 監修『0〜6歳子どもの発達と保育の本』学習研究社, 2011
・木村鈴代 編『たのしい子どものうたあそび—現場で活かせる保育実践』同文書院, 2011
・谷田貝公昭 監修，林邦雄 編『保育用語辞典』一藝社, 2006
・文部科学省『小学校学習指導要領解説体育編』2008
・文部科学省『学校体育実技指導資料第9集表現運動及びダンス指導の手引』東洋館出版社, 2013

④ Ⅰ．理論編
身体表現活動のねらいと内容

①ねらい

身体表現あそびのねらいを次の４つにまとめてみました。それぞれについて，考えてみましょう。

1）楽しく踊ろう　　　⇒　リズムに乗って心身を解放し，個の身体意識を高める
2）マネっこしよう　　⇒　模倣しあうことにより，動きを通したコミュニケーションの促進
3）表してみよう　　　⇒　身体表現を引き出し，自己表現力を高め，創造性を培う
4）いっしょにつくろう⇒　他者と共創していく関係性を獲得していく

1）楽しく踊ろう
　　　　～リズムに乗って心身を解放し，個の身体意識を高める～

　大好きな曲を聴いていると，思わず体がリズムとって動いてしまうことはありませんか。また，コンサートに行って，ずっとジャンプをしたり，手を振ったりしながら，陶酔してしまった経験はありませんか。
　この写真は，台所で思わず踊りだしてしまった女の子です。自作の歌をうたいながら，即興的に動く姿は，本当にかわいらしいものです。幼児期にはこのような姿がよく見られます。
　このようにリズムに乗って体を動かすことは，心身を解放し，「楽しい」という快情動と共に多様な動きの経験が蓄積されていきます。これが基本的な創造的身体表現の土台になると考えられます。

▲台所でも思わず踊っちゃうの！

　私の研究では，重い障がいがあり，ほとんど寝たきりの子どもでも，保護者との創造的身体表現活動で，リズムに乗って体を揺らしたり，動く部位を動かしたり，触れてもらったりすることで，活動終了後には，8割近くの子どもが全身でリラックスし，さらにその9割近い子どもに快の表情変化が見られました。
　また，保護者と一緒に弾み，踊ることで，子どもたちが笑顔になり，保護者もそのようすを見て嬉しくなると共に，自身も「楽しくなり，ストレスが発散できる」と多くの保護者が感想を寄せています[1]。
　このような心身の解放と共に，特に幼児期は身体部位の名称を言いながら，その身体部位にふれることで，自己概念の根幹である「わたし」そのものとしての身体意識を高めることにつながります。乳児期には，自分の指をなめたり，手を眺めたりして自分の身体と他者とを分離していきます。そして，幼児期になり，言葉の理解が進むと，次第によく使う，手，口，目などを認識していきます。そのため，

---
[1]　髙野牧子「地域療育拠点での親子活動"ふれあい遊び・身体表現遊び"」，「保健の科学」杏林書院，pp.391-396，2009

幼児期の手遊びの歌詞には、「おててを頭に」など、身体部位が多く含まれおり、実際に歌い、その身体部位にふれていくことで、自分の身体を認識していくのです。

2）マネっこしよう
〜模倣しあうことにより共感し、動きを通したコミュニケーションの促進を図る〜

子どもは大人の簡単な動作を見て、すぐに模倣します。身体表現あそびでは、先生の動きの模倣を多用しますが、先生自身も子どもたちから生まれた動きを見逃さず、同じように模倣することによって、楽しく展開していくことができます。

たとえば、子どもが大人をツンツンと突いてきたとします。この動きを模倣せず、見守るだけではあそびとして発展しません。それにこれでは、一方的な子どもからの投げかけとなり、コミュニケーションにもなりません。しかし、ツンツンと今度は大人が子どもに返すと、今度はツンツンツンと子どもも返してくるかもしれません。そして、次第に「ツンツンあそび」へと思わず発展していくかもしれないのです。

子ども同士でも、こうした動きによるコミュニケーションの場面は、とても多く見かけます。「入れてぇ」と言わなくても、たとえば「シュワッチ！トォー！」とヒーローになりきってひとりの子どもが動き、同じように「トォー！」ともうひとりの子どもがポーズを決めると、たちまちヒーロー遊びへと発展していくのです。

こうした現象は「共振」という言葉で説明されています。このように、互いの何気ない動きを見て、動きを模倣しあうことを通して、互いの思いが共有され、一致したときにあそびが成立するのです。

幼児期前期のコミュニケーションは、まだ動きを通したやりとりに大きく依拠していると考えられます。「共振」は子ども同士だけでなく、母子間や子どもと保育者間などでも大いに認められる重要なコミュニケーションの形態です。身体表現あそびでは、子どもの動きを見ること、共に動くことにより、自然と共振していきます。動きを通して、まるごとのからだで、お互いを感じ合い、理解し合うことで、コミュニケーションが促進されると考えられるのです。

今の時代、就職試験においてさえ、もっとも重視されるのが「コミュニケーション力」といわれています。正に身体表現は、自己と他者をつなぐコミュニケーションツールであり、身体表現によって感情や内的イメージを受け渡していくのです。幼児期だからこそ、同じイメージを共有してそのものになりきって、共にからだを動かす身体表現活動でコミュニケーション力の基礎を培っていきましょう。

▲マネの天才！影と踊ったの！

3）表してみよう
〜一人ひとりの身体表現を引き出し、自己表現力と創造性を培う〜

幼児期は、戦隊ヒーローになったり、お姫様になったりとイメージの世界でなりきってあそぶことができる時期です。想像の世界と現実の世界との境界線があいまい

▲忍者になっちゃった！

で，なりきって動くことが得意なのです。子どもたちは，自分のこれまでの経験をもとに，自分の中で蓄積してきた豊かなイメージを，自分なりの新しい身体表現として創造していきます。

　p.29下の写真は，年長児が身体表現あそび「だるまさんがころんだ」のなかで忍者になって「走る－止まる」を行ったときのものです。音を立てないように，そっと素早く走って，忍者のポーズで止まりました。襲いかかりそうなポーズや1本指を結んでいたり，手裏剣を投げていたり，後ろの方の子どもはつま先立ちで膝を曲げて立っているようです。一人ひとり自分の忍者のイメージになりきって止まっています。

　このときの指導では，忍者のほか，一斉指導で，ちょうちょになって柔らかく，そっと止まる，ロボットでカクカク動いてピタッと止まる，うさぎになって元気に跳んで，ピタッと止まるなど，いろいろな物になりきって表現しながら，さまざまな動きの質を体験していきました。そして，十分子どもたちの中で，表わす物のイメージが高まった後，自分の好きなものに変身して「だるまさんがころんだ」を行いました。すると，写真のように，左から順にちょうちょ，忍者，低くなっているのはロボット，そしてジャンプしているカエルなど，一人ひとり自分がなりたいものになりきって，「走る－止まる」で表現していました。

　子どもたちは獲得している基本的な運動を基に，動きながらイメージ想起したり，イメージから動きを導いたりすることによって，新しく自分なりの身体表現を創造します。また，他者からの模倣によって得られた動きを自分なりに少し工夫するだけでも，新たな表現世界が広がります。自分で創り出す，自分ならではの動きの創造へと展開し，「自分もこんな風に表現することができる」という自己有能感を得るように導いていきましょう。

▲一人ひとりの「だるまさんがころんだ」でのポーズ

4）いっしょにつくろう
～他者と共創していく関係性を獲得していく～

　身体表現あそびを通して子どもたちは，互いの意見を尊重しながら，一緒に新しいものを創りあげていくことができるようになります。そのため，身体表現あそびの「ねらい」には，「他者とのコミュニケーションが身体の動きによってできること」と，「自分自身で新たな動きの創造ができること」が土台となり，他者を理解し，他者の新しい動きを受け入れつつ，協働して新しい動きの表現，創造的身体表現を創出することがあげられます。

　身体表現あそびには，肌と肌がふれあうスキンシップが多く取り入れられています。親子で，または，友だち同士で，相手の温もりを感じながら，一緒に身体表現あそびをしていくことで，互いを尊重する気持ちが生まれていくのです。

　また，指導のなかで，交互に動きを見せ合い，発表する機会を作ることで，「お友だちはどのような表現しているのか」を観て，いろいろな表現の仕方を新たに気づくことにつながります。さらに，年長児になると，自分たちで相談して，動きを工夫する姿も見られるようになります。

▲みんなでぴょんぴょん♪

この写真では，活動のなかで「ウサギ」のジャンプをしています。子ども達は，互いにウサギのジャンプを見合いながら，自分らしいウサギジャンプを模索し，展開していきました。

　このように豊かに表現できる子どもたちの意見を尊重しながら，保育者も一緒に子どもたちの表現世界に入り，共に動きながら，表現できるとよいでしょう。そして，その中で，子どもの新たな姿を発見し，大いに認めていきましょう。それは，子どもの創造性を高めていくことにも繋がっていくのです。

● コラム ●　　　　子育て支援で楽しく踊ろう！

　乳幼児期，子どもは日常生活においてもさまざまなことを「模倣」から学んでいます。特に自分のそばで養育してくれる保護者のようすを見て，真似をしながら，できることを増やしていきます。そのため，就園前の子育て支援においては，保護者が一緒に動いて誘い込み，子どもと互いに動きを真似し合いながら，活動を楽しみ，相互に動きで呼応できるようになることが重要となります。そして，このようなかかわりは，コミュニケーションの基盤作りにもつながります。

　また，この時期の支援においては，心地よいリズムにのって，親子間で互いを感じ合い，一緒にからだを動かす一体感を特に大切にします。親子でふれあい，開放的で活発な全身運動をともなう身体表現活動を行うことは，からだ全体を通して，共感して楽しむ世界を存分に味わうことです。この点について，佐伯胖は「体の動きを相手に合わせていくことによって，興奮が高まり，相手との快の情動を共有することができるのです。からだの動きのリズムやスピードを合わせることで，情動を伝達し合っているのです[1]」と快情動の伝達性を指摘しています。このように，親子で一緒に楽しく動くことによって共振し，体まるごとで相手を感じ合い，理解し合うことで，コミュニケーションが促進されると考えられるのです。

　ただ，全身で思い切り子どもが表現していても「何を表現しているのか」は，その内包するイメージが分からないと伝わってきません。親子でイメージを共有する多くの体験は，日常生活の中でも子どもの動きを理解する手掛かりになります。子どもの豊かな身体表現にぜひ気づき，共有したイメージの中で子どもの身体表現を大いに認め，褒めることで，子どもの表現力を伸ばしていってください。

　私はこの時期の子どもに対する評価について，保護者に「ほかの子どもと比較するのではなく，子ども自身の1週間前，1か月前と比較して，できるようになったことを成長の喜びとして感じて欲しい」と伝えています。そして，子ども同士だけではなく，親同士も一緒に身体表現あそびで共振し，共創する経験を通して仲良くなることを期待しています。多様なニーズの親子がいる中で，親子それぞれのゴールを目指せるような活動であり続けたいと考えます。

▲お外で楽しく歌って踊っています！

*1　佐伯胖編著『共感』ミネルヴァ書房，p.68，2007

②内容

　身体表現あそびの活動内容は,「音・リズム」「動き」「イメージ」の3つの要素から構成されています。たとえば,幼児を対象とした具体的な活動を考えると,リズムに合わせて弾み,音を出しながら自由に体を動かし,音楽がもつイメージで踊るなど,「音・リズム」「動き」「イメージ」が絡み合って幼児の身体表現をうながしていきます。

1）音・リズム

　幼児期から多様な音楽をきき,さまざまな文化に接し,受け入れていける姿勢を育むように心がけることは大切です。また,「音・リズム」に合わせて自由に弾んで踊る経験が,自己の心身の解放や他者との共感において非常に重要です。

　身体表現において大きな役割をになう「音・リズム」は,子どもたちからさまざまな表現を導き出します。楽しいリズム,ゆっくり歩くリズム,急いで速く走るリズムなど,その音で何かを感じ,ときには体が勝手に動いてしまうこともあるでしょう。

　たとえば,「雨の中を歩く」場面で楽譜1のような音が聴こえたら,どうでしょうか。きっと多くの子どもたちは,この「ゴロゴロゴロゴロ　ドーン」いう音から雷をイメージし,「キャーッ」と身をすくめてしまうでしょう。

　ここでは,このような子どもの動きを引き出すことができる音やリズムを,みなさんがすぐに実践で使えるように,ピアノの楽譜の形で表しながらみていきます。

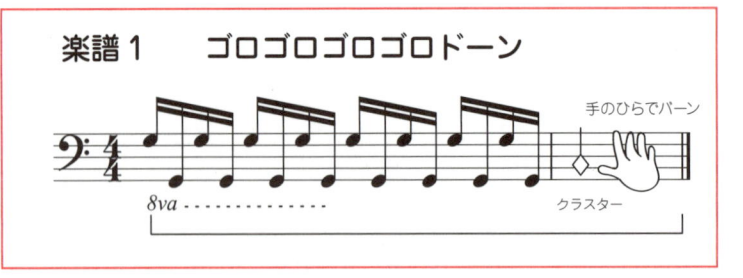

楽譜1　ゴロゴロゴロゴロドーン　手のひらでバーン　8va　クラスター

●コラム●　もっと楽しんでピアノ　もっと簡単に伴奏

　伴奏ときくだけで「ムリ〜！」,2段の楽譜を見ただけで「弾けない！」と思っていませんか？

　もちろんピアノが得意な人はより楽しく,より音楽的に演奏して,子どもたちとの表現を楽しんで欲しいと思います。しかし,「苦手なんだよね」という人でも気軽に伴奏に挑戦できるよう,今回掲載した楽譜は片手や手を移動することなく弾けるものばかりにしました。

　表現あそびの伴奏で大事なのは,音で導き出される「イメージ」です。どのくらい「強い」「弱い」「速い」「遅い」「大きい」「小さい」「かわいい」「やさしい」「こわい」ものなのか,そのイメージを膨らませて,気持ちを込めて音にしていきます。

　ピアノの簡単な伴奏で,どんどん子どもたちの動きを引き出してください。そして時には,子どもの表現に伴奏を合わせたりしてみましょう。そうすることで,子どもと自分のテンポの差や呼吸を実感でき,この体験は,みなさん自身の心や身体の表現をより豊かにする機会となることでしょう。

　「ピアノは打楽器」と,もっと気軽に考えて,ちょっとやってみませんか？

（1）楽しいリズム

「嬉しくて思わず飛び跳ねた」という表現を使いますが，「嬉しい」「楽しい」リズムは跳ねるリズムです。
跳ねるのが得意な動物を例にして，「跳ねるリズム」を楽譜で表してみましょう。

うさぎでは「ぴょんぴょんぴょん」と3回刻むと，上に跳ねる感じです（楽譜2-①）。3度下の音を重ねるだけで，さらに複数での動きを表現できます（楽譜2-②）。また，ウマを表現する場合には，ギャロップのリズムになります（楽譜3）。

同じように「跳ねる」動作であっても，リズムを変えると違うイメージが生まれ，動きを導き出すことができるのです。

楽譜2　うさぎ　　　　（右手：ド・レ・ミ・ファ・ソ／左手：ド・ソに準備）

①仔うさぎ　ぴょんぴょんぴょん

②お母さんも一緒にぴょんぴょんぴょん

楽譜3　ウマ　　　　（右手：ソ・ファ・ミ／左手：ド・ソに準備）

○ぱっかぱっかぱっかぱっか　走ってる

（2）速さ

　同じフレーズを弾いていても，速さを変えるだけで，引き出されていく動きのイメージが異なります。今度は「自転車」を例にして考えていきましょう。

　自転車を思い描いて，この音をきくと，ゆっくりペダルに力を込めて踏みしめる動きや軽快な走り，下り坂での転がり落ちそうなほどに速度があがっていく自転車がイメージできます。このように同じフレーズでも，速さを変えることでさまざまな動きのイメージを引き出すことができます。

楽譜4　　自転車で走ろう　　　　　　　　　　（右手：ソ・ファ・ミ／左手：ド・ソに準備）

○さぁ，出発！　　　　　　　　　　　　　　　○しっかりペダルをこいで

○スイスイ走るね　　　　　　　　　　　　　　○わぁ！　登り坂だ！

○さぁ！下り坂下りま～す

（3）強弱

　音楽では強弱はf（フォルテ）とp（ピアノ）で表しますが，強い音は大きな動きを，弱い音は小さな動きを引き出すのに有効です。楽譜5で比較してみましょう。「ゾウの散歩」では大きく脚を上げてのっしのっしと歩く動き，「ネズミの運動会」ではつま先立ちで小さくちょこちょこ走る動きがイメージできます。太鼓やタンバリンを使う場合にも，強弱が重要なポイントです。

楽譜5　　ゾウとネズミ（強弱を使って）

○ゾウの散歩　のっしのっし　　　　　　　　　○ネズミの運動会　チョコチョコチョコ

（4）高低

　ピアノのように音程のある楽器では，その音域から高い音，低い音を出すことができます。楽譜6に示したように，高い音では手をあげ，背伸びなど高い位置の動き，低い音では地面を這う，床を踏みつけるなどの低い位置の動きが自然に生まれます。音程のない楽器でも，高い音を鈴やトライアングル，低い音をタンバリンや大太鼓などで表すこともできます。

　また，低い音から高い音へ（上行），高い音から低い音へ（下行）などは，「エレベーター」や「ジェットコースター」などの高さが大きく変化する表現で有効です（楽譜7）。さらに，回転する動きを引き

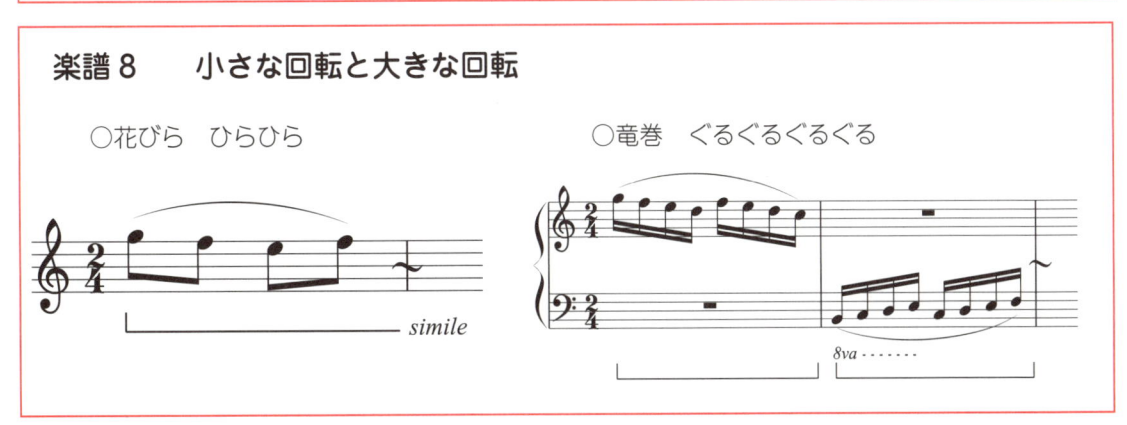

楽譜6　　高い位置と低い位置

　○お星様　キラッキラッ　　　　　○恐竜「ガオー！！」

楽譜7　高さの変化（上行・下行）

　○エレベーター　「上にまいりまーす」　　「下にまいりまーす」

　○ジェットコースター

楽譜8　　小さな回転と大きな回転

　○花びら　ひらひら　　　　　　　○竜巻　ぐるぐるぐるぐる

出すときにも，この上行・下行で表現することができます。楽譜8に示したように，「花びらが舞い散る」ようすの左楽譜と，「竜巻」の右楽譜で音程の広がり比べてみると，小さな回転は音域を狭く，大きな回転では音域を広くすることで表現できることがわかります。

ここまで動きを引き出す方法として，ピアノの楽譜で考えてきましたが，このようにリズム，速さ，強弱，高低でごく簡単にアレンジすることで，さまざまな動きを引き出すことができます。「音・リズム」「イメージ」「動き」の密接な関連を上手に利用して，子どもたちの表現を引き出していきましょう。

2）動き　～多様な「動き」を経験しよう～

身体表現あそびは，からだの「動き」によって表現します。そのため，「動き」は，とても重要な要素です。

たとえば，「○○を身体表現で表しなさい」と課題を出されると，どう動いていいかわからず，戸惑い立ちすくむことはありませんか。

からだの「動き」で表現するには，文法のように簡単なルールがあります。まず，動きは，「身体」「アクション」「時間性」「力性」「空間性」「関係性」の6つの視点に分けることができます。「身体」はどのような身体部位を動かし，「アクション」はどのような動作をするのか，また「関係性」は人と，または，物とのかかわり，という視点です。そして，動きの表現性を生む要素には「時間性」「力性」「空間性」の3つの要素があります。「時間性」は動きを速く，遅く，規則的に，突然に等，「力性」は鋭く，強く，柔らかく，弱く等，動きをどのように行うかという要素であり，「空間性」はどこで行うかという要素です。動きはこれらの要素の組み合わせによって，表現性が現れると考えられます。

たとえば，花吹雪であれば，両腕で（身体），軽く（力性），柔らかく（力性），曲線的に（空間性），上から下を選択すること（空間性）により，小さな花びらがひらひらと舞う動きが生まれます。稲妻であれば，同じ両腕（身体）でも，動きを鋭く（力性），とても速く（時間性），直線的に（空間性）と，違う要素を選択することで，表現することができます。

このように，動きの表現性要素である「時間性」「力性」「空間性」を考えることによって，動きの質を選び出し，表現することが簡単になります。

また幼児期では，神経系の発達にともない，生活していくうえで必要な基本的運動を獲得していきます。そして，協応動作に代表される調整力が発達し，運動をコントロールする力が増し，運動そのものが巧みになっていきます。そのため，幼児期には偏りなく，多様な運動経験をする必要性を多くの研究者が指摘しています[*1]

身体表現あそびでは「歩く」という1つの動作でも，「手を振って歩く」「お尻を床につけて歩く」（身体の変化），「スローモーションで歩く」「速く歩く」（時間性の変化），「ジグザグに歩く」「円を描いて歩く」（空間性，軌跡の変化），「しゃがみながら歩く」「背伸びして歩く」（空間性，高さの変化），「横歩き」「後ろ歩き」（空間性，方向の変化），「友だちと手をつないで歩く」「一列になって歩く」（関係性の変化）など，さまざまな要素を変化させることによって，多様な動きとなります。このように「歩く」動作だけでも実にさまざまな動きが体験できるように，身体表現あそびでは多種多様な動きを用いて表現することで，運動能力の発達もうながしているのです。

言葉での表現の場合，多くのボキャブラリーがないと，思いを的確に表現できません。英作文がなかなかむずかしいのは，文法だけでなく，語彙の少ないことも起因するでしょう。身体表現でも媒体となる"動きのボキャブラリー"が少ないと自分の思いを表すことは，言葉と同様にやはりむずかしいでしょ

[*1] 池田裕恵 編『子どもの元気を取り戻す保育内容「健康」』杏林書院，2011
[*1] 中村和彦『子どものからだが危ない！－今日からできるからだづくり』日本標準，2004
[*1] 岩崎洋子 編『保育と幼児期の運動あそび』萌文書林，2008

う。しかし，前述したように，身体表現では，簡単な動きでも少し変化をつけることで，多様な動きを経験することができます。こうした経験が一人ひとりの"動きのボキャブラリー"の蓄積につながると考えられます。子どもたちがより豊かな創造的身体表現を展開するためには，身体表現あそびで多様な動きの経験を子どもたちと一緒に楽しく取り組んでいくことが鍵となります。

また，子どもの動きをしっかり見て，認めて，それを模倣して子どもに返す，動きのキャッチボールがとても重要となります。設定保育や子育て支援の活動において，子どもが創造した動きを大人（保育者や保護者）が模倣することによって，子どもの創造的な表現活動が活性化していきます。

3）イメージ　〜イメージを表現する〜

身体表現あそびは，イメージしたものになりきったり，動きながらイメージを思い浮かべたりします。かけっこや跳び箱などの運動あそびと違う点は，正に「イメージしながら動く」ことにあります。子どものなかで表したいもののイメージが豊かなほど，その子どもならではの創造的な表現が生まれます。

> ●**海ってどんなもの？**
>
> 　山梨県の幼稚園で，学生が「海の生き物」の身体表現をやろうと試みました。しかし，海が身近にない環境の園児たちには，海のイメージが少なく，いきなり「どんな魚がいる？」と問われても全く思い浮かばず，固まってしまいました。
> 　そこで，魚図鑑でいろいろな海の生き物を知ったり，金魚の泳ぐ姿を観察したり，『スイミー』やクジラの出る絵本を読んでみるなど，イメージが膨らむような活動を行いました。
> 　その後，「海の生き物」の表現に再チャレンジ。今度はくねくねしたり，大きく跳ねたり，すいすい走りまわったりとさまざまな表現を楽しむことができました。

子どもたちの豊かな体験がイメージを育み，それが身体表現につながっていきます。子どもの生活すべてが子どものイメージを膨らませる土壌です。一緒にワクワクドキドキの体験を共有し，身体で表現してみましょう。

幼児期の創造的身体表現活動は生活に密着しており，表現しようとするイメージは，さまざまな体験を通して，豊かになっていきます。また，友だちや保護者と互いに同じ体験をすることにより，イメージの共有が図られます。創造的身体表現を通して，他者と動きを通してコミュニケーションしていくには，お互いに何を表したのかイメージの共有が必要です。同じ体験をすることで表現のための同じ土壌が培われます。表現したい内的イメージを動きで示すためにも，幼児期から動きと表現性について楽しく体験的に理解できるようにうながしていきましょう。

4）＜動きあそび＞と＜変身あそび＞：イメージと動きの連環

幼児期の子どもたちは，新しい動きに挑戦し，イメージしたものになりきってあそぶことが得意です。その幼児期の特性を考慮し，動きの表現性が体験できるように〈動きあそび〉と〈変身あそび〉の両方を行い，動きとイメージの連環を図っていくことが必要です。表現あそびでは，この両方の活動を含むとよいと考えられます。

〈動きあそび〉は，動きからイメージをともなう主体的な動きの創造へ発展します。「こんな動きできるかな」と身体・アクション（頭，つま先，ジャンプなど），時間性（速い－遅いなど），力性（強く－優しくなど），空間性（高い－低い，直線－曲線など），関係性（自分との，他者との，物とのなど）を取りあげ，体験的に動いていく中で，その動きが「どのようなイメージがするか」と，イメージを喚起

することで，イメージと動きの連環を図ります。

　一方，〈変身あそび〉は，イメージから動き，そして他者との共創へ向かいます。イメージを動きで表そうと考える時，自分が表現したい内的イメージはどのような動きの要素を選択し，表現したらいいのかを考え，動きを創り出す体験ができます。

　表現あそびでは，動きの要素を〈動きあそび〉〈変身あそび〉のなかで実践し，子ども自身が動きとイメージの連環を図れるようにうながすことが基本です。そして，リズムに合わせて動きに挑戦する〈動きあそび〉や音楽に乗せて〈変身あそび〉を行うなど，「音・リズム」も深くかかわります。

　このように「音・リズム」「動き」「イメージ」の構成要素は，独立して存在するのではなく，互いに関係し，密接に絡み合い，子どもの創造的身体表現を引き出していくのです。

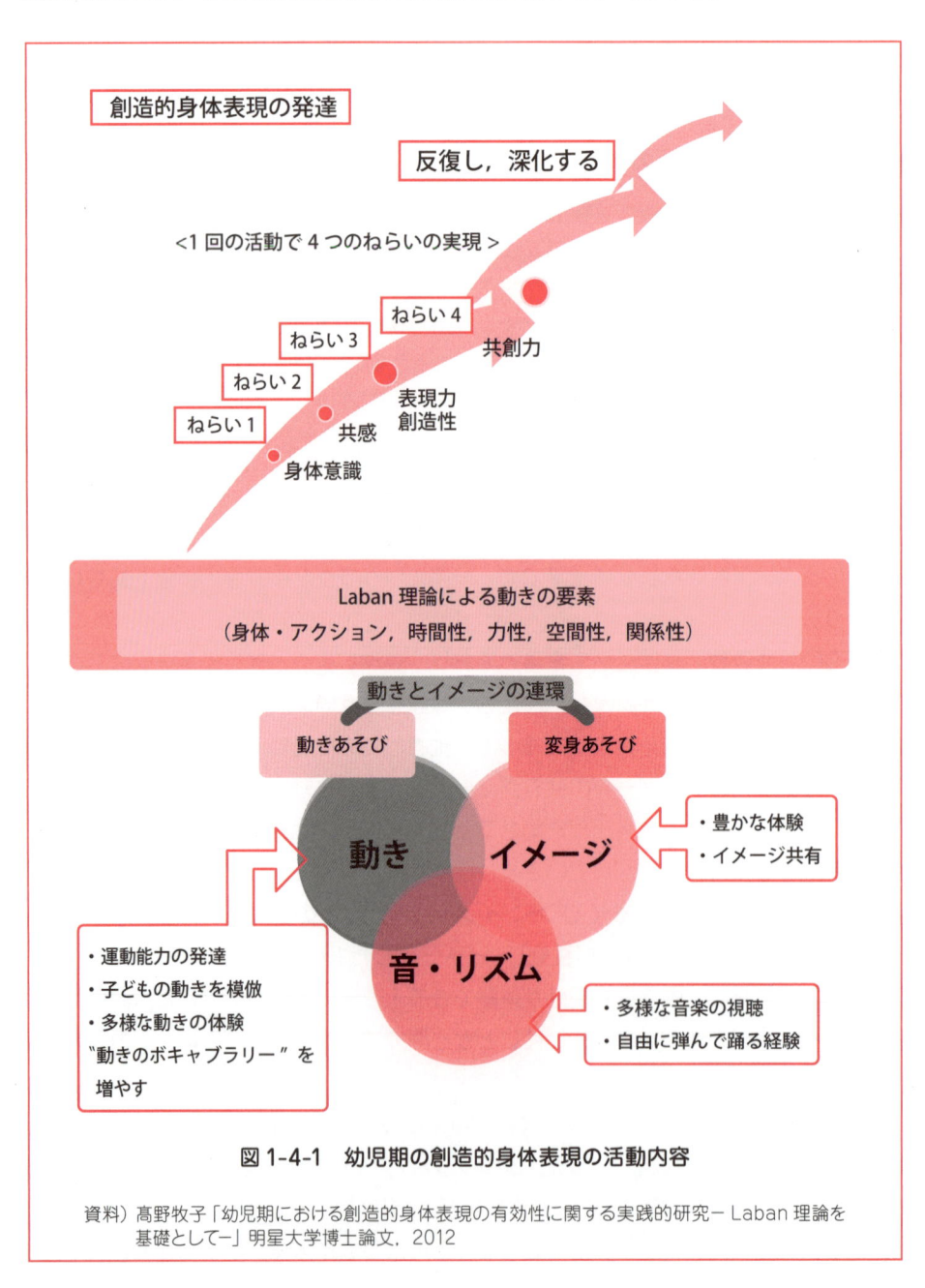

図 1-4-1　幼児期の創造的身体表現の活動内容

資料）髙野牧子「幼児期における創造的身体表現の有効性に関する実践的研究－ Laban 理論を基礎として－」明星大学博士論文，2012

5）まとめ

　幼児期の身体表現あそびの指導を体系化し，図1-4-2に示しました。1回の活動の中で「音・リズム」をベースにして，動きの6つの要素である身体・アクション・時間性・空間性・力性・関係性を楽しく体験しながら，〈動きあそび〉や〈変身あそび〉を通して，「イメージ」と「動き」の連環を図ることが基本となります。また，表現を引き出す「音・リズム」「動き」「イメージ」の各要素には，土壌となる豊かな経験を重ね，発達をうながす必要があります。特に，「動き」については，子どもの動きを大人が模倣する，子ども同士で模倣しあうことが重要です。

　このような一連の身体表現あそびの活動をバランスよく，くり返し行うことは，自分の身体意識をもち，他者と共感しながら，一人ひとりの豊かな創造性を高め，共創する力を育てていくことにつながっていくのです。

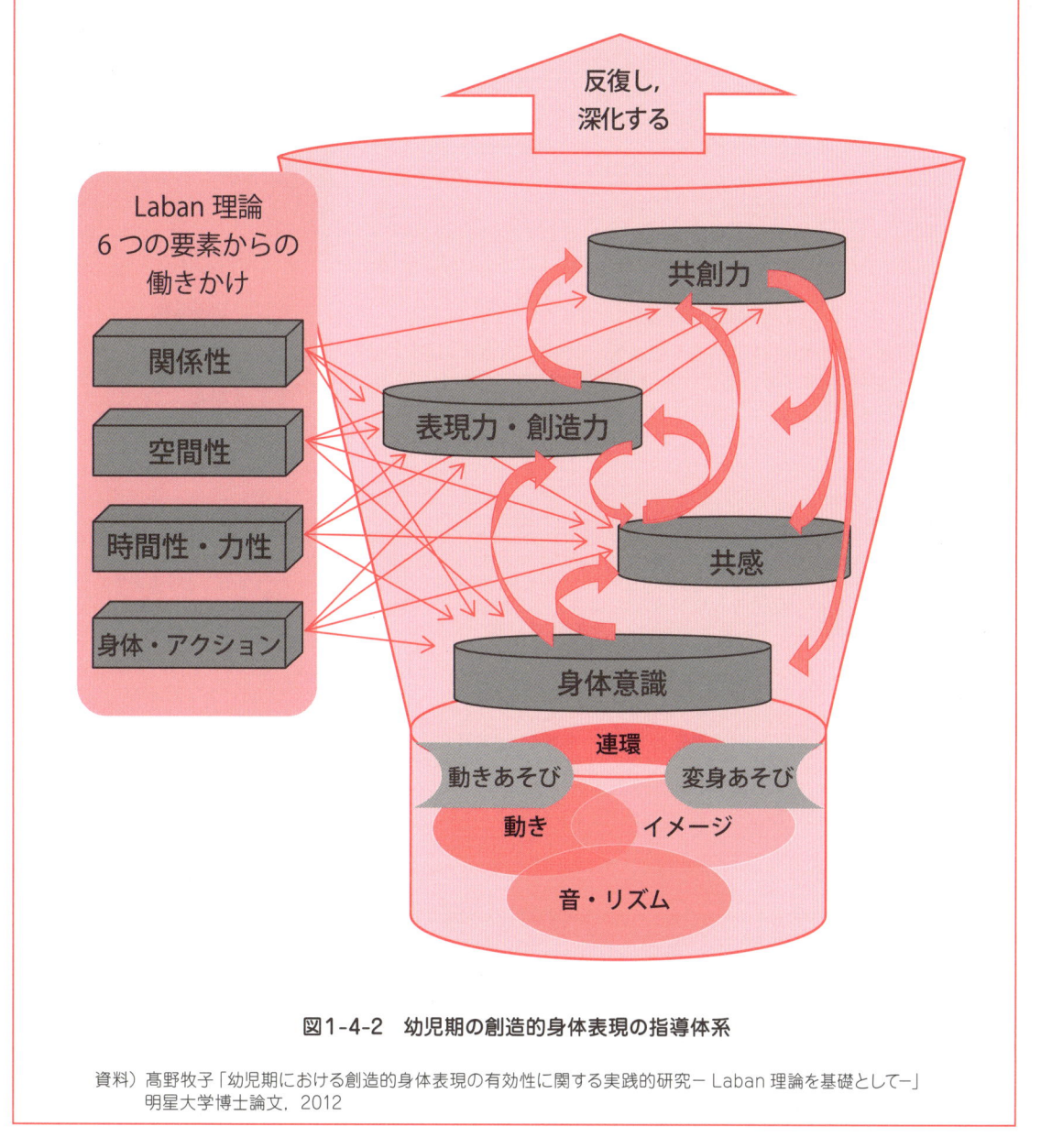

図1-4-2　幼児期の創造的身体表現の指導体系

資料）髙野牧子「幼児期における創造的身体表現の有効性に関する実践的研究－Laban理論を基礎として－」明星大学博士論文，2012

コラム　さくら・さくらんぼのリズムあそび・リズム運動

　さくら・さくらんぼ保育園の創設者・斎藤公子氏（1920-2009）の独自の保育実践は，1970年代から脚光を浴び全国各地に広まりました。特にこの保育の根幹ともいうべき「リズムあそび・リズム運動」（以下「リズム」と略す）は，子どもの心と体の全面発達をうながすプログラムであると紹介され，現在でも多くの幼稚園・保育園で実施されています。この「リズム」は，「金魚」「両生類のようなハイハイ」「アヒル」など動物の動きを模倣し，身体各部位を正確に使うことで運動機能の統一的な発達を目指したものや「ボート」「小鳥のお話」「五色の玉」「糸車」など数名の子どもがかかわりながら楽しく動くもの，「ちょう」「かげ踏み」など即興的要素が盛り込まれているもの，世界と日本の民族舞踊の要素を取り入れたものなど，実にバラエティに富んでいます。

　この「リズム」により，重度の障がいをもった子どもに身体機能の改善がみられたという実践報告などが多数あり，近年，さくら・さくらんぼの「リズム」を再評価する動きがみられます。一方，その身体訓練的要素だけが突出して取りあげられたために，現代の保育観にはそぐわないと判断されてしまうケースも見受けられます。

　斎藤氏の著書によると「リズム」は，「1．石原キク（実際には石原の弟子の西垣都美）から学んだ『律動』[*1]」「2．戸倉ハルから学んだ『自由表現』『集団あそび』[*2]」「3．小林宗作から学んだ音とことばと行動を調和する『リトミック』[*3]」の3つの原型を基につくられ，決して訓練的要素だけではないことがわかります。斎藤氏は，「リズム」に取り組む子どもたちを「子どもたちの全身がリズムに溶け込んで，伸び伸びと躍動する手足，人間らしい喜びと誇りに輝く表情」と表現しています（斎藤公子『さくら・さくらんぼのリズムとうた』群羊社，p.10，1994）。

　全国各地で取り組まれている「さくら・さくらんぼのリズム」。形だけの模倣に留まらず，また，動きの正確さにのみ固執せず，見た目はたとえ同じ動きであっても，子ども一人ひとりがその気になって伸び伸びと自ら楽しんで表現できるよう，保育者自身も伸び伸びとを楽しんでみてください。

---

* [*1] 律動は子どもたちの創造活動，表現活動によって身近な自然，社会，宇宙の統一を身体全体で会得し，表現するように指導するもの（倉賀野昌子「石原キクの律動の根本思想」，「日本保育学会大会研究論文集（32）」日本保育学会，pp.38-39，1979）。普及につとめた石原キクは，東京保母伝習所の所長兼園長であり，土川五郎とも親交があった。
* [*2] 斎藤は東京女子高等師範学校で，戸倉ハルに直接学んでいる。戸倉ハルは，倉橋惣三の"自由あそび""自発性の尊重"の理論を具体化したリズム表現を編み出し，斎藤はこの戸倉から「完全に模倣を廃した"自己表現"を徹底的に学んだ」（斎藤公子『さくら・さくらんぼのリズムとうた』群羊社，p.28，1994）。
* [*3] リトミックは，音楽と身体の調和を促すことにより，音楽的センスを培うという理念に基づき，スイス人の作曲家で音楽教育家でもあったエミール・ジャック＝ダルクローズ（Emile Jaques-Dalcroze：1865～1950）が発案した音楽教育法。日本で本格的に教育の現場にリトミックを取り入れたのは，「赤トンボ」や「からたちの花」の作曲で有名な山田耕筰と舞踊家の石井獏であり，さらに，日本の幼児教育分野で初めてリトミックを導入したのは音楽教師の小林宗作であった。1931年に「日本リトミック協会」を設立し，1937年トモエ学園小学校と幼稚園を開校し，リトミックを教育の柱とした総合的な教育実践を行った。

● 参考文献 ●

- 倉賀野昌子「石原キクの律動の根本思想」，「日本保育学会大会研究論文集（32）」日本保育学会，1979
- 斎藤公子『さくら・さくらんぼのリズムとうた』群羊社，1994
- 平沢信康「初期文化学院における舞踊教育実践：山田耕作による『舞踊詩』の試み」，「鹿屋体育大学学術研究紀要　第34号」2006
- 日本ダルクローズ音楽教育学会編「リトミック実践の現在」『日本ダルクローズ音楽教育学会創立30周年記念論文集』開成出版，2003
- 日本ダルクローズ音楽教育学会編「リトミック実践の現在」『日本ダルクローズ音楽教育学会創立35周年記念論文集』開成出版，2008

Ⅱ. 演習編
体験しよう！
表現しよう！

さぁ，いよいよ体を動かして表現してみましょう！　ここでは，理論を踏まえ，6つの要素から，実際に身体で表現することを体験的に学びます。保育者として自分自身が生き生きと身体で表現できる力を養うための，理論を実践につなげる要となる部分です。

頭と体の両方を使って楽しく理解し，理論を自身の展開力としていきましょう。

1　Ⅱ. 演習編　キーワード　身体

① "身体"を軸に展開するために

　"身体"をキーワードにして展開するとは，どういうことなのでしょうか。考えるための視点や基本的な知識を学び，考えていきましょう。

1）"身体"をキーワードにするのは，なぜ？

　子どもたちは，自分の身体部位の名称とその動き方を手遊びや体操などを通して認識していきます。身体のいろいろな部位を使っての表現を引き出せるように工夫してみましょう！

2）"身体"で知っておきたいこと

　"身体"をキーワードにして考えるとき，「どんな部位があるのか」「どんな動きができるのか」は知っておきたい基本的な知識です。普段は何気なく動かしている自分の体を，ここでは意識をしながら動かして，部位やその動きを認識しておきましょう。

表 2-1-1　身体部位

身体部位	詳細名称例
頭	前頭部，側頭部，後頭部
顔	額，眉毛，目，耳，鼻，口，唇，頬，顎
体幹	肩，胸，腰，みぞおち，へそ，尻，体側，肩甲骨，脊柱
四肢	前腕，上腕，肘，手首，手，股関節，大腿，膝，ふくらはぎ，アキレス腱，足
手	右左，手のひら，手の甲，親指，人差し指，中指，薬指，小指，指先，爪
足	左右，足の甲，足の裏，土踏まず，足の指

> 年齢によってできる動きが違います。表現あそびを展開する際には，対象の子どもの年齢も考慮するようにしましょう。

身体部位の動きを考えてみよう！

例）
・ぐるぐる回せる関節はどこでしょう？
・一方にしか曲がらない関節はどこでしょう？
・広げられる身体部位は？

　　　目，口，手の指，足の指，腕，脚…鼻の穴！？

② "身体"をキーワードにした表現あそび

1) 身体部位が意識できる手遊び

身体部位が意識できる手遊びには,「さかながはねて」「頭・肩・膝・ぽん」などがあります。また,英語の Play Song「Head Shoulders knees and toes」も身体部位を触っていくので身体部位を意識することができます。手遊びには,心と体をほぐす効果が期待できますので,その日のテーマに繋がるものを選び,取り入れていきましょう。

例)「さかながはねて」(作詞・作曲:中川ひろたか)

♪さかなが はねて
① 腕を前後に伸ばし,さかなが泳ぐイメージで,ゆらゆら動かす

♪ぴょ〜ん
② 1回拍手をし,上から大きく回す

♪あたまにくっついた
③ 部位に触れる

※「おはなしゆびさん」や「きゃべつ」の手遊びでは,親指から1本ずつ,指を立てていきますので,小筋群のコントロールとともに,指の名称を覚えていきますね。

2) 身体部位が意識できる表現あそび

身体部位が意識できる表現あそびには,次のようなものがあります。テーマに合わせて,さまざまな表現あそびで表現を引き出していきましょう。

「3つのコイン」という表現あそびは,自分の好きな身体部位に3つのコインを順々に置くようなイメージで動き,次にそれを取っていくあそびです。たとえば,右肩と腰と左の手首といった具合です。バランスを取りながら,自分の身体を意識することができます。ひとりでも,友だちと2人でもできます。

また,表現しようの「おっとおっとおっとっと」(p.136)や「磁石でぺったん〜どんどこトンネル」(p.138)などの表現あそびは,身体を意識した表現あそびです。身体部位のどこで止まるか,どこを付けるかなどで,表現あそびを展開することができます。

③ "身体"をキーワードにした応用展開

ひとつの動きでも"身体"をキーワードに変化させることによって,バリエーションを増やすことができます。

たとえば…
- くっつく　…手と手,手と足,膝とお腹,耳と肩　など
- あげる　　…手,指,肘,膝,太もも　など
- ふる　　　…腰,足,手首,頭,指　など
- 移動　　　…足,膝,かかと,爪先,手,お尻　など
- 向く　　　…上半身,頭,全身,足だけ,腕だけ,目だけ　など

ほかにどんな応用展開ができるか,考えてみましょう。

体を動かして学ぼう！
身体

- "身体"をキーワードとして、身体を使った表現あそびをしてみよう！
- 身体部位を意識して表現してみよう！

演習❶ 音楽に合わせて自由に歩き，出会った友だちと身体部位同士でふれあい，挨拶しよう！

1) 最初は，右手でタッチしながら「こんにちは」
2) 慣れてきたら，言葉なしで，肩，膝，お尻，背中，左の小指，つま先など，思いついた身体部位で挨拶し合おう。
3) スローモーションでやってみよう（時間性の変化）。
4) 高さを変えてタッチし合おう（空間性の変化）。

▲頭と頭 　　▲膝と膝 　　▲小指と小指

演習❷ 「ETゲーム」をしてみよう！

1) 人差し指を合わせて，目を閉じます。
   押したり，引いたり，高さを変えたり，注意深く，指先を動かしてみよう。
2) 立ち上がって，移動もできるかな（空間性の変化）

声は出さず，小さな指先から相手の気持ちを感じ取れますか？

▲指先に集中して… 　　▲高さを変えたり，移動したりできるかな

Ⅱ．演習編　1．キーワード：身体

演習❸ 「ハイタッチ・ゲーム」をしてみよう！

1）両手バージョン
① 2人組でリーダーをどちらかに決めます。
② リーダーが両手を出し，もう一人がその両手に
　ハイタッチ！

> 返すだけですが，動きでのやり取り遊びがとても楽しいです。
> 出されたところへなるべく遠回りをしてタッチしに行きましょう！

2）片手バージョン
① リーダー交替し，今度は2人組で，まずは両手
　でタッチ。
② リーダーは，片方の手だけを離して好きな所へ
　出し，出された手の所へもう一人がタッチ。
③ 今度は反対の手を違う所へ出したら，またタッチ。これをくり返します。

3）グループバージョン
① 6人くらいのグループになります。
② 内向きの円になり，6人で手をつなぎます。
③ ひとりが手を離し，円の外でも中でも，好きな所に手を出します。
④ 手を離された人がその手のところへタッチ，次に自分のもう片方の
　手を離して，好きな場所に出します。
⑤ グループで順番に手を出して，そこにタッチをしていきます！

> 脚の間や背中側など，いろいろな所に手を出し，「ここはできるかな？」と挑戦してみましょう。

● 「ハイタッチ・ゲーム」を子どもと一緒にやってみよう！

　子育て支援や保育現場での応用する場合には，2歳児であれば「両手バージョン」，4歳児以上であれば「片手バージョン」で行うとよいでしょう！

2　Ⅱ．演習編　キーワード　アクション

① "アクション"を軸に展開するために

　"アクション"をキーワードにして展開するとは，どういうことなのでしょうか。考えるための視点や基本的な知識を学び，考えていきましょう。

1）"アクション"をキーワードにするのは，なぜ？

　身体表現は「動き」でイメージするものや感情などを表現していきます。幼児期は神経系の発達にともない，下記のような基本的な動きを習得していきます。発達段階を考慮しながら，いろいろな動きを使った表現を取り入れて，動きを楽しく経験できるようにうながしていきましょう。

表 2-2-1　基本的な動きの例

○体のバランスをとる動き	○体を移動する動き	○用具などを操作する動き
立つ，座る，寝ころぶ，起きる，回る，転がる，渡る，ぶら下がる	歩く，走る，はねる，跳ぶ，登る，下りる，這う，よける，すべる	持つ，運ぶ，投げる，捕る，転がす，蹴る，積む，こぐ，掘る，押す，引く

資料）文部科学省「幼児期運動指針」

② "アクション"をキーワードにした表現あそび

1）"アクション"を意識した手遊び

　"アクション"を意識できる手遊びは，いろいろあります。
　以下にその一部を紹介しましょう。

- 「のぼるよコアラ」（作詞：多志賀　明／作曲：不詳）
　コアラのように木に登ったり，下りたりする動作が，楽しく体験できます。
- 「くいしんぼのゴリラ」（作詞：阿部直美／作曲：おざわたつゆき）
　皮をむいたり，食べたりする動作が含まれます。ゴリラになったつもりで楽しく動いてみましょう。
- 「おちた　おちた」（作詞・作曲／不詳）
　「♪りんご」なら手を前に，「♪げんこつ」なら頭を隠す，「♪かみなりさま」ではおへそを隠す動作をします。
- 「もうじゅうがりにいこうよ」（作詞：米田和正／アメリカ民謡）
　ライオンやゴリラ，大蛇（だいじゃ）の模倣のほか，鉄砲ややりを投げる動きが入っています。

　ほかにも多種多様な楽しい手遊びがありますので，是非いろいろな手遊びに挑戦し，楽しみながら経験を増やしていきましょう！

Ⅱ．演習編　2．キーワード：アクション

● **事例：プレイソング「アブラハムには7人の子」**
　本来は歌詞の「さあ踊りましょう」の後に「右手」「左手」…と身体部位が入り，増えていきますが，「回って」「跳ねて」「振って」などのいろいろな動きを足して楽しみましょう！

アレンジ POINT　　動きには，「走る」「跳ぶ」「回る」「這う」「転がる」「立つ」「押す」「ポーズをきめる」など，さまざまな種類があります。それらの動き（アクション）を組み合わせて，子どもたちが動きを楽しみながら経験できるようにしていきましょう。

アブラハムには7人の子
　　　　　　　　　　作詞・作曲：不詳
　　　　　　　　　　訳詞：加藤孝広
1．アブラハムには7人の子
　ひとりはのっぽで　あとはちび
　み〜んななかよく暮らしてる
　さあ踊りましょう　右手　右手

※この曲は，外国曲として日本に伝わったものに加藤孝広氏が訳詞をつけたものといわれていますが，現在のところ，原作詞者・原作曲者は不明のままとなっております。保育の現場で，広く親しまれている曲であることから，本書では不明のまま取りあげ，掲載することとしました。

2）"アクション"を意識した表現あそび
　「5．表現しよう」の「だるまさんがころんだスペシャル」（p.134）は，「走る−止まる」というアクションの中で，いろいろな工夫をしたり，鬼が要求したアクションする遊びです。
　また，「忍者でござる」（p.142）などは，忍者になりきって，いろいろなアクションで表現することを楽しむ活動です。
　ぜひ，発展させていきましょう。

> アクションは道具を使うことによって，さらにバリエーションを増やし，楽しむこともできます。身近な道具をつかって，表現あそびを考えてみましょう。

③ "アクション"をキーワードにした応用展開

　ひとつの動きでも"アクション"をキーワードに変化させることによって，バリエーションを増やすことができます。
　たとえば…
・くっつく　…くっつく直前で離す，くっつけて離すをくり返す，
　　　　　　　次々とくっつける　など
・あげる　　…下げてから上げる，ぐるりと回転させながら上げる　など
・ふる　　　…横にふる，体全体を左右に揺らしてふる　など
・移動　　　…歩く，走る，スキップ，転がる，這う　など
・向く　　　…ジャンプしながらふり向く，まわりながら向く　など

47

体を動かして学ぼう！
アクション

● "アクション"をキーワードとして，いろいろな動きを使った表現あそびをしてみよう！

演習 ① 紙皿を使って"アクション"を楽しもう！

①紙皿を使った動きを考えてみよう！

　「紙皿を使う」といっても持ったり，投げたり，回したり，とさまざまな動きが考えられます。さらに，「持つ」という動きでも「片手で」「両手で」「腕で」「肘で」など，持つ方法もいろいろですし，「宝物のように大切に」「重い岩に見立てて」「汚い物のようにつまむ」など，その表現もいろいろです。
　さまざまな動きを考えて，動いてみましょう。

展開① 図 2-2-1 に示した動きを全部自分なりに紙皿を使って動いてみる

展開② 気に入った動きを3つ選んで，つなげて動く
　例）・走る－投げる－回る
　　　・バランス－あおぐ－隠れる

展開③ 何かに見立てて動く
　例）・ボール／鏡／ハンドル

何度もくり返して動いてみましょう！

図 2-2-1 の周り：片手で持つ／両手でそっと持つ／投げる／受ける／うちわのようにあおぐ／ハンドルに見立てる／バランスをとる／皿の上にのって回る／雑巾かけで滑らす／いろいろな身体部位で／自分の体の上に乗せる／隠す・隠れる／紙皿

どんな動きが考えられるかな？
どんな動きが考えられるかな？これであなたもステキなダンサー！！

図 2-2-1　紙皿をつかったアクション例

▲雑巾がけ 　　▲そっとめくって 　　▲隠れよう（仮面）

② 2人で挑戦！　お皿で表現あそび

　今度はお皿を使った動き2人バージョンを考えてみましょう。"お皿を巡る攻防"です。言葉なしで，相手の気持ちを動きから読み取りましょう。

　2人に1枚のお皿なら，どんな動きがつくれるでしょうか。動きを組み合わせたり，イメージを付加したり，知恵を出し合ってより面白い動きを生み出せたらよいですね。

①1枚のお皿を真ん中に置き，正座。最初は譲り合います。「どうぞ！」
②「では，いただきます」「え～，返してよ」「私のよ！　返さない」
③「ここだよ！　取れる？」「絶対，取ってやる！」

アレンジ POINT　ラバン理論の視点でアレンジをしてみよう！
身体部位や時間性・力性，空間性などを意識して，動きを考えてみましょう。どんな工夫ができるかな。

▲スローモーションで・・・（時間性）
▲届かないでしょ（空間性）
▲滑り込んだけど・・・（空間性・力性）

▲汚いの，あげるよ（力性・時間性）
▲私のよぉ。やだぁ。（力性）

③ プチパフォーマンスを見せ合おう！

　2人のお皿を巡る攻防をプチパフォーマンスとして発表し合いましょう。大きな動きでくり返し，強調するのがポイントです。

▲お皿に座って回そう

3　キーワード　時間性・力性

Ⅱ．演習編

① "時間性・力性" を軸に展開するために

"時間性・力性" をキーワードにして展開するとは，どういうことなのでしょうか。まずは，"時間性・力性" を理解し，使いこなせるように学び，考えていきましょう。

1) "時間性・力性" とは？

「時間性・力性」は，表現性に欠かすことができない「動きの質感」ともいえるものです。たとえば，「手を上にあげる」という動きでも「ゆっくりあげる」（時間性），「強く突き上げる」（力性），「鋭く素速くあげる」（力性・時間性）というように，動きによって生まれてくる表現性が異なります。

2) "時間性・力性"（表現性）の要素

動きの表現性は3つの要素，時間性，力性，空間性によって生まれます。この演習では特に時間性，力性に焦点をあて，「どのように動かすの？」という視点から動きをとらえて表現してみましょう。

表 2-3-1　動きの表現性の3つの要素

時間性	ゆっくり，速く，突然に，規則的に，だんだん速く　など
空間性	前，後，左，右，高い，低い，直線的に，曲線的に　など
力　性	強く，激しく，軽やかに，鋭く，柔らかく，重く　など

> 表現を子どもに伝えるときには，「雲のようにふんわり」など，イメージと一緒に伝えるとよいでしょう。

② "時間性・力性" をキーワードにした表現あそび

1) "時間性・力性" を意識した手遊び

時間性を意識させるには，1つの手遊びでも，スローモーションで行ったり，倍速で行ったりすると十分に体験することができます。「小人のくつやさん」「糸まきのうた」「いわしのひらき」などは，時間性に変化をつけやすい手遊びです。ここでは「かなづちトントン」を例にみていきましょう。

```
かなづち　トントン
                    髙木乙女子 訳詞／アメリカ民謡

♪かなづちトントン　1本でとんとん　かなづちトントン　次は2本
　かなづちトントン　2本でとんとん　かなづちトントン　次は3本
　かなづちトントン　3本でとんとん　かなづちトントン　次は4本
　かなづちトントン　4本でとんとん　かなづちトントン　次は5本
　かなづちトントン　5本でとんとん　かなづちトントン　これでおしまい
```

※1本…床を片手の拳で打つ
※2本…床を両手の拳で打つ
※3本…床を両手と片足で打つ
※4本…床を両手両足で打つ
※5本…両手両足＋頭ゆらす

II. 演習編　3. キーワード：時間性・力性

> ***ARRANGEMENT***
> ● 時間性・力性を変えてみよう！
>   例）「ぞうさんのかなづちは大きくて重いから，ゆっくりだよ」
>   例）「ありさんのかなづちは小さくて軽いから，速くだね」
> ● 空間性を変えてみよう！
>   例）「柱にくぎを打つよ。天井にも床にも好きな所に打ってみよう！」
>   例）「扉を作ろう。右や左，前や後ろにもくぎを忘れずに！」

2）"時間性・力性"を意識した表現あそび

　"時間性""力性"を活用した表現あそびには，「表現鬼あそび（p.140）」や，なりきって表現を楽しむ「ふあふあ風船」，スポーツの動きを模倣する「スポーツ対決」，ちゃんばらで対決「なりきりレンジャー」，昆虫になりきって闘う「昆虫対決」などいろいろあります。

　さらに，設定を加えたり，複数でおこなったり，ストーリー仕立てでなりきったりと，要素を変えたり，加えたりすることで何通りもの表現あそびを楽しむことができます。「どうしたら，より楽しく表現を引き出せるかな？」と考え，アレンジしていきましょう。そして，展開する時には，最初と最後はしっかり決めますが，途中の動きは即興的に，時間性・空間性・力性で変化をつけるようにうながしましょう。

③ "時間性・力性"をキーワードにした応用展開

　ひとつの動きでも"時間性""力性"をキーワードに変化させることによって，バリエーションを増やすことができます。
　たとえば…
　・くっつく … 蝶になってお花にくっつく，磁石のようにピッタリ
　　　　　　　　くっつく，3秒くっついたら離れる　など
　・あげる　 … ふんわりあげる，パシッとあげる，段々あげていく，
　　　　　　　　ゆっくり押しあげる　など
　・ふる　　 … ブンブンふる，漂うようにふる，小刻みにふる　など
　・移動　　 … せかせか移動，宇宙空間のイメージで移動，水の中を
　　　　　　　　動くように移動，ダッシュで移動　など
　・向く　　 … 恐る恐る振り向く，パッと勢いよく向く，呼ばれたよ
　　　　　　　　うに向く，何度もキョロキョロ振り向く　など

体を動かして学ぼう！
時間性・力性

● "時間性" "力性" をキーワードにして，動きの表現性を理解しよう！

演習 ❶ いろいろな "時間性" "力性" を体験 〜 2人で表現鬼ごっこ〜

さまざまなものに変身して鬼ごっこをしてみましょう。

ルール
① 2人組になり，最初の鬼役と逃げ役に分かれます。
② 2人とも決めたものに変身して鬼ごっこをします。
③ 鬼役が追いついてタッチしたら，逃げ役になります。
④ 指導者（リーダー）が「反対！」と叫んだら，鬼がタッチできなくても攻防逆転。

ポイント
・比較的短い時間でどんどん違うものに変身しましょう。
・「軽やかな蝶」「巨大で重い怪獣」「カクカク動くロボット」「ユラユラお化け」など，対極の時間性・力性を体験しましょう。

変身例

▲ちょうちょで，ふわっ 　　▲重くて怖い怪獣 　　▲モデル気分で

ARRANGEMENT

さまざまなものになりきって，表現してみよう！
例）「ふわふわ風船」
　　つぶれている→膨らむ→風で揺れる→突風で吹き飛ばされる→
　　竜巻に巻き込まれる→海に落ちてゆらゆら浮かぶ→くるくる回る→破裂する
※イメージをプラス！「風船旅行」
　　風船になって，氷の国や南の島，砂漠などいろいろな場所へ旅行をしてみても楽しいですね。

52

II．演習編　3．キーワード：時間性・力性

演習❷　いろいろ対決！！

さまざまなものになりきって，対決してみよう！
どんなシチュエーションで，どんなものになりきって，どんな対決をしてみましょうか。

● **スポーツ対決！**

いろいろなスポーツの動きを，ものすごく速くくり返したり，スローモーションで動いてみたり，工夫して表現してみましょう。2人組で表現対決をし，決定的瞬間は超スロー再現！というのもおもしろいですね。
　例）野球／ドッジボール／かけっこ／すもう　など

● **なりきりレンジャー**

「悪者と正義の味方」や「宇宙怪獣と地球守り隊」など二手に分かれて，チャンバラ対決。あくまで表現での対決ですので，本当にぶったり，叩いたりしないで，戦っているように見せるようにしましょう。速さや体の向きを変えて，イメージして，光線や刀が見えるように表現していけるとよいですね。

● **昆虫対決！**

お互いに昆虫になりきって，対決をします。じっと構えたり，ぱっと捕まえたり，緩急をつけて闘いましょう。地面と空中など，高低の変化をつけ，空間性も工夫すると表現の幅もひろがります。
　例）カマキリ vs. バッタ／カブトムシ vs. クワガタ／アリ vs. ハチ　など

演習❸　気に入った対決を5，6人で表現してみよう

簡単な場面を設定し，それをつなげてストーリー仕立てにすると，さらに楽しく対決表現あそびができます。どんなストーリーで，どんな対決になるのでしょうか。表現を工夫しながら，対決を楽しみましょう！

＜展開例＞

タイトル「北風と太陽」

▲北風が吹き付ける 　→　▲太陽が照らす　→

▲暑さがまとわりつく 　→　▲太陽の勝ち！

④ キーワード 空間性

Ⅱ. 演習編

① "空間性"を軸に展開するために

"空間性"をキーワードにして展開するとは，どういうことなのでしょうか。空間性要素をアレンジして，動きのバリエーションを増やし，表現あそびを楽しく展開できるように学び，考えていきましょう。

1）"空間性"要素とは？

空間性は，動きの向きや軌道，位置という要素のことです。たとえば，「手を上にあげる」という動きの場合，「後ろから前を通ってあげる」「右手を下から左の肘の位置を通って，右斜め上へあげる（p.97）」というような要素が空間性をアレンジした動きとなります。

空間性要素を活用した動きのアレンジを臨機応変に使いこなせるようにしていきましょう。

●上で　●下で

2）"空間性"には，どんなものがあるのか？

空間性には，動く人を中心とした上，下，右，というような方向だけでなく，3つの面（ドア面，テーブル面，車輪面）と，空間に動いて描く軌道なども空間性要素です。また，観客視点からの手前，奥，上手，下手などの空間性も考えられます。

"空間性"をアレンジするためにも，その要素を知っておきましょう。

表 2-4-1　空間性例

方向	（自分を中心に）前，後，左，右，上，下，斜め　など
面	ドア面，テーブル面，車輪面　など
軌跡	直線，曲線（円，S字，波状等）
動く空間全体	上手（観客の右手），下手（観客の左手），奥，手前，センター，上手前，上手奥，下手前，下手奥　など

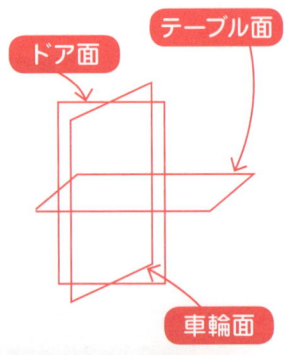

ドア面　テーブル面　車輪面

見る側からの視点も上手に利用して考えていきましょう

▲上手・下手　　▲上手前vs下手奥

② "空間性"をキーワードにした表現あそび

1) "空間性"を意識した手遊び

　"空間性"を意識する手遊びとして「むすんでひらいて」があります。「♪おててを前に～，自動車ぶーぶー」「お手手を横に～，飛行機ぶんぶん～～」「お手手を上に～，お星さまきらきら～～」と自分の前や横，上を理解させていくことに役立ちます。

　また，大小を意識させる手遊びとして「おべんとうばこのうた」や「大きな畑」「小さなお庭」などもあります。ここでは「小さなお庭」を取りあげてやってみましょう！

小さなお庭
　　　　　　作詞・作曲：不詳
① ♪小さなお庭を
② ♪よく耕して
③ ♪小さな種をまきました
④ ♪ぐんぐんのびて
⑤ ♪春になって
⑥ ♪小さな花がさきました　ポッ

やり方
① 指先で小さな四角をかく。
② 人差し指で耕す。
③ 指先で小さな種を作り，指先でまく。
④ 手だけで下から上にくねくね上げる。
⑤ 手をひらひらしながら，上から下へ。
⑥ 手でつぼみを作り，手を開いてお花を咲かせる。

※ 2番は「中くらいの」になるので，腕全体で表します。
※ 3番は「大きな」なので，全身で表し，最後のお花は大の字ジャンプ！

2) "空間性"を意識した表現あそび

　空間性を活用した表現あそびでは，「遊園地に行こう」として，ジェットコースターで高いから低い，ゴーカートで左右にカーブ，「お化け屋敷」で下に落とし穴など，多様な空間性を楽しく体験させてあげることができます。

　また，「わくわく乗り物，レッツゴー（p.148）」や「表現あそびサーキット（p.154）」は，遊戯室全体の空間をダイナミックに使ったあそびといえます。

③ "空間性"をキーワードにした応用展開

　ひとつの動きでも"空間性"をキーワードに変化させることによって，バリエーションを増やすことができます。

　たとえば…

- くっつく　…　前で，後ろで，横で，直線で近づいてくっつく，低い位置でくっつける　など
- あげる　　…　膝の高さから持ちあげる，右下から左上へあげる，3段階であげる　など
- ふる　　　…　顔の横でふる，頭の上でふる，床すれすれでふる　など
- 移動　　　…　下から上へ移動，横へ移動，正面を向いたまま横へ移動　など
- 向く　　　…　横に向く，上を向く，斜め右上を仰ぎ見る，後ろを向く　など

> リズムダンスの隊形（p.117, p.121）も空間性の応用です。空間性に注目して表現展開を考えてみましょう。

体を動かして学ぼう！
空間性

● "空間性"をキーワードにして，身体を使った表現あそびをしてみよう！

演習❶ 空間にサイン

さまざまな身体部位で，空間性を変えながら自分の名前を書いてみる表現あそびです。

ルール

①空間に大きく平仮名で自分の名前を書きます。
②基本がわかったところで，「床に爪先で」など，ほかの身体部位で，さまざまな空間へも挑戦してみましょう。
③カタカナや，（大学生対象授業では）ローマ字など平仮名以外にも挑戦してみましょう。
④ほかの人に読めなくてもいいので，オリジナルのサインを考えてみましょう。
　漢字やローマ字，カタカナと平仮名，組み合わせていいですね。
⑤各文字が決まったら，身体部位を文字ごとに選んでみましょう。
⑥方向，面に変化をつけて，空間サインに挑戦してみましょう。

▲肘でサイン 　　▲つま先でサイン 　　▲肩でサイン

ARRANGEMENT

● 子ども用にアレンジ

・「空間にサイン」
　幼児との場合には，1文字だけなど工夫しましょう。
・「道路あそび」
　少しむずかしいようであれば，床にビニールテープで道路を描いて活動をしてみましょう。子どもなりに高さや速さに変化をつけ，走ったり，歩いたり，這ったり，止まったりするだけでも，楽しい活動になります。

Ⅱ. 演習編　4. キーワード：空間性

演習❷　道路あそび

「自分の道路」を描いてみましょう。直進だったり，くねくね曲がってみたり，どんな道路になるのでしょうか。変化をつけて描いてみましょう。

ルール

①半分程度に切った画用紙に，一筆書きで道路を書こう！
　※まっすぐな道，くねくね道，ぐるぐる道，急カーブなど，変化をつけてみましょう。

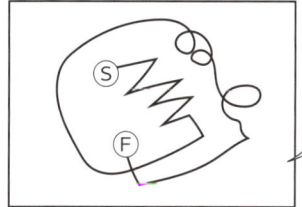

（吹き出し）複雑すぎると大変だから，簡単にね。

②書いた道路を歩いてみましょう。
　画用紙がこの部屋だとすると，どんなふうに歩けるかな？
③何度か通って，迷子にならないように道を覚えましょう。
④走ったり，止まったり，速さを変えて歩いてみよう。
⑤高さも変化をつけて歩いてみましょう。
　例）背伸びして止まり，一気に走って下る，ジェットコースター！？

※自分のお気に入りの道路，出来たかな？　何度も通って表現を楽しみましょう。

演習❸　道路で出会って，サイン交換

「自分の道路」を進んで，出会った人と 演習❶ で決めたサインを同時に交換しましょう。

ルール

演習❶ と 演習❷ を合体するよ！

①自分の道路（演習❷）の途中で出会った友だちとまずは握手。
②自分のサインを交換するよ（2人組）。
　・わかりやすいように大きく動こう
　・先に終わったら，ポーズをして見ていましょう。
③サインを交換し合ったら，握手して「バイバイ」。
④さらに自分の道を進んで，新たなお友だちと出会っていきましょう。

（吹き出し）人数が多すぎると，事故が発生するので，大きく動けるように全体を2群に分け，見せ合うとよいでしょう。

▲つま先と腰で 　　▲肘・肩・頭頂で

5 Ⅱ．演習編　キーワード　関係性

① "関係性"を軸に展開するために

"関係性"をキーワードにして展開するとは，どういうことなのでしょうか．保護者や指導者と一緒に表現あそびを楽しんだり，ひとりでやってみたり，また，友だちと複数で楽しんだりと，関係性を変えることによって，表現あそびをより楽しく展開できます．関係性を変えながら，さまざまな表現を引き出し，楽しんで活動できるように工夫していきましょう．

1) "関係性"をキーワードにするとは？

"関係性"とは，「保護者と」「先生を見ながら」「ひとりで」「ペアで」「複数人で」などの「誰と」の要素だけではなく，「触れる」「持つ」「転がす」などの「物との関係性」も含まれます．たとえば，「手を上にあげる」という動きの場合，「お友だちと交互にあげる」「紙コップをもってあげる」「手をつないであげる」というような要素が，関係性をアレンジした動きとなります．

関係性をアレンジして，表現あそびを豊かに楽しく実践していきましょう．

(1) 人との関係

表現あそびをする場合，未満児であれば，保護者と一緒にスキンシップをしながら表現を楽しみます（p.19）．そして次第に保育者（大人）を見ながら，自分だけで表現できるようになり，年中児から年長児では友だちと一緒に表現したり，お互いの表現を認め合ったりできるようになります．

子どもの発達段階に留意して展開しましょう．

表 2-5-1　人との関係

ひとり	ソロ
2人	ペア．「向かい合う」「横に並ぶ」など位置もいろいろ考えられます．
複数人	3人以上．位置も2人に比べてさらにバリエーションがひろがります．
個 対 群	「リーダーを決めて，みんなでその動きを模倣する」というような場合が，これにあたります．
群 対 群	シンメトリー（左右対称），アシンメトリー（非対称），カノン（順番に同じ動き）

> 野球やサッカーの応援で，観客席のウェーブなどは，カノンですね！

(2) 物との関係

物に接するとき，「触れる」「持つ」「運ぶ」「転がす」「置く」「回す」「投げる」「受け取る」など，さまざまな操作運動が可能です．表現あそびでも，どのような物とかかわるかによって，表現性も大きく変わりますし，子どもでも操作しやすいリボンやキラキラペット（p.77），子どもの興味関心を引き出すプチプチマット（p.77）など，表現したくなるような物を探してみましょう！

> 【応用例】「椅子」と自分との関係性を考えてみましょう！
> 「座る」だけでなく，「引きずる」「持ちあげる」「下に隠れる」「倒す」「乗る」「立つ」など，いろいろなことが考えられますね．
> 柔軟な発想が大切です！

② "関係性"をキーワードにした表現あそび

1)"関係性"を意識した手遊び

　先生の動きのまねをしていく手あそびとして，「こぶたぬきつねこ」や「パンダうさぎコアラ」，「先生とまねっこ」などがあります。ここでは「先生とまねっこ」を紹介します。

> 「両手を上げる」「かいぐり」など，すぐに簡単にできる動きから始め，次第に難しくしていくといいでしょう。

例)「先生とまねっこ」
① 「♪まねっこ　まねっこ　先生とまねっこ　できるかな」と手拍子をして歌います。
② 最後に先生がポーズや簡単な動きをして，それを子どもたちが先生のまねをして動きます。

2)"関係性"を意識した表現あそび

　表現あそびの「しんぶんしマンになりきろう (p.130)」や「からだじゃんけん (p.132)」は，先生が示す動きを真似するところから始まります。また，「動物らんど」などではグループでの表現へ楽しく展開できます。

③ "関係性"をキーワードにした応用展開

　ひとつの動きでも"関係性"をキーワードに変化させることによって，バリエーションを増やすことができます。
　たとえば…

・くっつく　　… 保育者と，友だちとペアで，みんなで，グループ同士で，コップとお腹で　など
・あげる　　　… 友だちと手をつないだまま，保護者が子どもを持ちあげて　など
・ふる　　　　… 先生と逆向きにふる，友だちと順番にふる，ひとりでふる　など
・移動　　　　… 友だちとならんで，みんなで横にならんで一斉移動，交互に前後へ移動　など
・向く　　　　… みんなで並んで順繰りに向く，友だちと一緒に向く，先生と同じ方向を向く　など

体を動かして学ぼう！
関係性

● "関係性" をキーワードにして，身体を使った表現あそびをしてみよう！

演習❶ ゲーム「後出しじゃんけん～表現あそびバージョン（2人以上）」

♪「後出しじゃんけん　じゃんけん　ぽん　ぽん」と，歌いながら，指導者（リーダー）の動きを真似ていきます。いろいろな「グー」「チョキ」「パー」を表現していきましょう。

（1）指導者（リーダー）を真似て，さまざまな「後出しじゃんけん」をしてみよう！
　①A：両手ワイパー。
　　B：指導者が「グー」「チョキ」「パー」のいずれかを手で表現。
　　C：皆が真似る。
　②A：両手ワイパーをしながら，両足で左右に跳ぶ。
　　B：指導者が「グー」「チョキ」「パー」のいずれかを足で表現（足じゃんけん）。
　　C：皆が真似る。
　③A：両手ワイパーをしながら，両足で左右に跳ぶ。
　　B：指導者が「グー」「チョキ」「パー」のいずれかを体全体で表現（からだじゃんけん）。
　　C：皆が真似る。
（2）攻守交替！　慣れてきたところで出す人も交代で体験して楽しもう。
（3）グループと組んで，群VS群でじゃんけん対戦。面白い動きをどちらが多く出せるかな？

♪
後出し　じゃんけん　—Ⓐ
じゃんけん　—Ⓐ
ぽんッ　—Ⓑ
ぽんッ　—Ⓒ

▲唸って，グ～ 　　▲シャキッとチョキ 　　▲一人ひとりのパー

演習❷ ミラーゲーム（2人組）

2人組で鏡のように一方の動きを，もう一方が真似て動いてみましょう。

ルール
①鏡を挟んだイメージで，2人で向かい合い，両手を合わせて立ちます。
②からだじゃんけんで勝った人が，最初のリーダーとなります。
③鏡にお互いが写ったように，リーダーの動きにあわせて，もう一人も向かい合ったまま動きます。
④ある程度の時間でリーダーを交替します。
　※模倣する方／される方の両方を体験できるように配慮しましょう。

> **応用展開をしてみよう**
> ⑤動きにダイナミクスの時間性（速さ）や空間性（高さや方向）の変化をもたせたり，いろいろな空間を使って移動もしてみよう。
> ⑥近くの２人組と見せ合ったり，１人VS４人で真似をし，関係性を変えてみるのもおもしろいでしょう。

演習❸ 動きでオーケストラ（10人程度のグループ）

指揮者（リーダー）の動きに合わせて，みんなで表現していきましょう。

ルール

① 10人程度のグループをつくり，リーダーを決めます。
②リーダーが全身で「グー」を出したら集まり，「パー」を出したら広がります。
③②の動きにプラスして，演習❷の「ミラー」のようにリーダーの動きを真似して動きます。
④慣れてきたら，移動も加えていきましょう。
⑤さらに２つのグループが同一空間で表現し，動いてみましょう。
　（群と群の体験，２群がばらばらの動き）
⑥クラス全員をひとりが指揮してみましょう。
⑦関係性を変えてさまざまなバリエーションを楽しみましょう。
　例）「指差しで，ひとりずつ立ちポーズ」「両手を回したら，回る」
　　　「両腕を下げたら，低くなる」

> これまでに学習した「身体」「アクション」「時間性・力性」「空間性」などの視点から動きを工夫したり，変化をつけたりしながら実践してみましょう！

▲真似して動く　　▲こんな動きでも真似できる？

● コラム ●　　　　　　**ラバン理論とは？？**

　「ラバン理論」のラバンとは，20世紀を代表する舞踊理論家 Rudolf Laban(1879-1958)の名前です。Labanは，楽譜のように人間のすべての身体運動を記号化し，記録できるようにしたLabanotation(ラバノーテーション，舞踊記譜法)を開発した人です。また，「舞踊は運動によって空間を創造する芸術である」とし，運動の内的推進力として「エフォート理論（Effort）」という概念を提起しました。「エフォート理論」では，人間の内的生命が動きの源泉であるとし，動きを「重さ（重い－軽い）」「時間（突然の－持続的な）」「空間（直線－曲線）」「流れ（自由な流れ－束縛された流れ）」の各要素より分析しました。

　ラバンの弟子であるKurt Jooss (1901～1979)は，エフォート理論をもとに，舞台作品を創作し，成功した振付家です。「ダンスドラマ」を提唱し，「動きこそ雄弁に人間の感情を伝えることができる」と考えました。代表作『The Green Table』(1932)は反戦を主題にした作品で，パリの国際舞踊コンクールで優勝し，その後，日本も含め，世界各国で踊られる作品となりました。彼は2つのダンススクールを開講し，ダンス教育法としてヨース・レーダー（Jooss-Leeder)法も確立しています。そこでは，特に動きのダイナミクスと空間性が強調されています。ダイナミクスは，①エネルギー（緊張－強く・軽く，弛緩－重たさ・柔らかさ），②デザイン（中心的－周縁的），③スピード（速い－遅い）の組み合わせによると定義されました。また空間性は，3つの次元（高低，広狭，前後）と3つの面（フラット，スティープ，フローティング）から成り，その組み合わせにより，12の基本的な空間運動を構成しました。さらに，ボディデザインとして，身体部位や動きの出発点，そして動きの経路の3つの要素をあげ，特に経路では，ドロート（直線：直接的・目的的），オーバート（半円：審美的・単純化），ロンド（円：調和的・活力化），トーチル（S字状：個人的・焦点化）と細分化され，それぞれの表現的質を示しています。

　ラバンやヨースの後継者であるMarion Northはその著書『Personality Assessment Through Movement』(1972)において，それぞれのパーソナリティは動きとして現れ，エフォート理論を用いることによって，アセスメントできるとし，子どもや聴覚に障がいをもつ子ども，若者への職業ガイダンス，グループセラピーまで，さまざまな対象での動きを通してのアセスメントをまとめています。

　その後，Labanの後継者であるMarion Goughは，「Laban理論」として，この「エフォート理論」を基に動きの要素を「何を？－身体・アクション」「どのように？－ダイナミクス」「どこで？－空間性」「誰と？－関係性」の4要素にまとめました。つまり，これまでの「重さ」「時間」「流れ」は「ダイナミクス」に包括され，「身体・アクション」要素として身体性が強調され，さらに人間同士の「関係性」が重要な要素として認識されるようになっています。本書では，さらに理解しやすいように「ダイナミクス」を「時間性」「力性」として分け，「身体」「アクション」「時間性」「力性」「空間性」「関係性」という6つの視点にしました。

　現在，イギリスや韓国などにおいて，「Laban理論」によるダンス学習カリキュラムが行われ，今日的な教育的成果をあげています。

● 参考文献 ●

・Gough, Marion, In touch with dance, Whitethorn books,p.7,1993
・Gough, Marion , Knowing Dance, Dance Books, London,1990
・Laban, Rudolf von ,Ein Leben fur den Tanz,Reissner ,1935（日下四郎 訳『ルドルフ・ラバン』大修館書店，2007）
・Laban, Rudolf von ,The Mastery of Movement, 1950（神沢和夫 訳『身体運動の習得』白水社，1985)
・North, Marion , Personality Assessment Through Movement, Macdonald and Evans, London, 1972
・Stinson, Sue，村山茂代，石井美晴 訳『幼児のためのダンス』不昧堂出版，1988
・Winearls, Jane , Modern Dance,1958（河井冨美恵 訳『創作ダンス入門－ヨース＝レーダー法によるダンスのトレーニング』大修館 ,1970）

Ⅲ. 実践編
考えてみよう！

　子どもたちへ身体表現の指導ができる実践力をつけていきます。ここでは，素材となる具体的な活動内容をイラストや写真を多く入れ，紹介しています。是非，対象年齢などを考慮しながら，素材を選び，組み合わせて，模擬指導や責任実習に向けて1時間程度の活動内容をアレンジしてみてください。また，1つの素材を短時間で実践することも可能です。さらに，リズム素材集は，動きを組み合わせて，簡単に幼児向けリズムダンスの振り付けにも挑戦できます。

　いろいろトライして，表現あそび指導のバリエーションを増やしていきましょう。

① 指導の組み立て方

Ⅲ．実践編

①指導のながれ

　子どもたちの自由な身体表現を引き出すためには，段階をおって，表現あそびに導いていきます（表3-1-1）。
　1.「導入」で興味・関心を高めます。
　2.「心と体をほぐそう」で身体意識を高めながら体を温め，気分もほぐします。
　3.「リズムにのって踊ろう」で心と体を弾ませます。
　4. いよいよ「表現あそび」。動きを工夫し，イメージを表します。
　5. 最後に「まとめ」でクールダウンをうながし，次回への期待感をもたせます。
　指導を組み立てる際には，それぞれの段階の素材やあそびをテーマにそって選択していきましょう。

表 3-1-1　身体表現あそび　指導の流れ

	展開の流れ	内容・ねらい	展開事例頁
1	導入	●「やってみたい！」「面白そう！」という期待をもたせよう！ 　最初に表そうとする題材について，子ども一人ひとりのイメージを十分に広げることが活動展開には不可欠です。また，お友だちとイメージを共有すると，一緒に工夫して表現することにつながります。	実践編：2 章 （pp.66～79）
2	心と体を ほぐそう	●活動の最初は心と体をほぐそう！ 　ブラブラ，ユラユラと体の緊張をほぐし，スキンシップや楽しいゲームで心も柔らかく，和やかな雰囲気をつくります。	実践編：3 章 （pp.80～93）
3	リズムに のって 踊ろう	●リズムダンスで心も体も弾ませましょう！ 　友だちと楽しく一緒にリズムに乗って踊り，心拍数も高めます。4 章で紹介したリズムダンス作品でもよいですし，リズム素材集を参考にして，子どもたちが好きな曲，流行の曲などに自分で振り付けを考えてみてもよいでしょう。	実践編：4 章 （pp.94～125）
4	表現 あそび	●いよいよ創造的な表現あそびへ！！ 　動いてイメージしたり，イメージを動きで表したりします。いろいろな表現を楽しく体験し，一人ひとりの表現を引き出し，また，お友だちと工夫し，見せ合い，認め合いましょう。	実践編：5 章 （pp.126～163）
5	まとめ	●クールダウン＆次回への期待を高めよう！ 　表現あそびは，かなり興奮し，発散しますので，最後は少しクールダウン。心も体も落ち着かせ，その後の活動へと導きます。 　また，表現あそびの活動をふり返り，次への期待をもたせましょう。	

「先生，みてみてぇ」の大合唱こそ「一人ひとりの表現」が引き出せるときです。

64

② 指導の組み立て方

　実際に，身体表現あそびを指導できるように，活動内容を組み立ててみましょう。ここでは，例示として，本テキストの各項目から実践したい内容を選び，活動を構成してみますので，参考にしてください。

　まずは，子ども年齢や興味・関心，季節などを考えて，テーマを決めます。全体にテーマに添って活動内容を選択します。

　指導を組み立てる際には，以下のことに注意するとよいでしょう。

＜組み立て方のポイント＞

- 「導入」「体ほぐし」「リズムダンス」は，テンポよく，次々と進めます。
- 「表現あそび」の最初にも導入を入れ，イメージをふくらませるのも効果的です。
- 「表現あそび」は，先生の模倣から始め，一人ひとりの工夫した表現，友だち同士の表現へと展開していきます。

表 3-1-2　表現あそび　指導案例

身体表現あそび「動物らんどであそぼう！」		5歳児　18名	場所：遊戯室
ねらい	・自分なりの動物の表現を楽しむ ・友だちと一緒に踊ったり，動きを工夫したりする	園児のようす ・園庭のうさぎやニワトリにエサをあげるなど，動物に興味をもっている。	

時間	幼児の活動	保育者の援助と留意点	環境構成
導入 5分	○活動のねらいを知る	・期待を高める話をする	・集まって座る
5分	○からだほぐし ・ぞうさん	・身体部位を意識しながら，体を温める	・ぶつからない程度に広がる
5分	○リズムダンス ・GOGOたまごっち	・心身を解放する ・音楽に合わせ友だちと楽しく弾んで踊る	・音楽をかける
表現 導入 5分	○表現題材をイメージし，活動に興味をもたせるために絵本や身近な物で導入する ・絵本『できるかな』	・子どものイメージを問い，子どもたちの言葉を受け止め，皆と共有する	・絵本『できるかな』
展開 20分	○展開1「動物らんど」 　先生の動きを真似してやってみる ・いろいろ動物になれるかな？ ○展開2 　自分の動きを工夫する 　友だちの動きを真似する ・こんな動き，見つけたよ！ ○展開3（小グループでの活動） 　お友だちと一緒に動きを工夫する ・好きな動物になって友だちと一緒に表現しよう！ ○展開4 　発表して見せ合う ・いろいろな動物らんどだね！	・保育者も大きく動き，思いきり表現できるように促す ・子どもが考えた動きを認め，皆で真似をし，一人ひとりの表現を引き出す ・アイディアを認め合い，工夫できるように促す ・思いきり発表し，認め合う雰囲気をつくる	・動物カルタ ・動物カルタを遊戯室のあちこちに置く ・同じ種類の動物カルタを集める ・発表が見やすいように場を設定する
まとめ 5分	○クールダウン ○活動をふり返る 　次回の表現活動への期待をもつ	・楽しかったことなどを聞き，次回への期待に繋がる言葉かけをする	・子どもたちを集めて座る

② Ⅲ. 実践編 導入に使いたい手遊び・絵本・身近な物

　保育者は，保育活動において，幼児と共によりよい環境を創造するように努めなくてはなりません。子どもたちが安定した情緒のもとで，自己を十分に発揮できるようにすることが，幼稚園教育要領の中でも謳われています[*1]。
　では，どのようにして，自己を発揮し，表現できる環境をつくっていったらよいのでしょうか。

指導案 の流れ
1. 導入
2. 心と体をほぐそう
3. 弾んで踊ろう 〜リズム〜
4. 表現しよう！
5. まとめ

　まずは，子どもたちのようすを観察し，そのときどきの状況を把握し，活動にスムーズに入れるよう，導いていくことが大切です。突然，メインの活動を始めると，イメージや気持ちの余裕をもつことができないままで表現することになり，豊かな表現やより充実した活動が期待できません。そこで，子どもたちがよく知り，慣れ親しんでいる手遊びなどを導入として取り入れ，心と体を開放できるように働きかける必要があります。そして，さらに「何が始まるのだろう？」という期待感や，「私もやってみたいな！」という意欲を感じられるように導けるとよりよいでしょう。さらにそれがメインの表現活動につながる内容ならば，なおさら効果があります。
　「絵本を読む」のもひとつの手段です。絵本は，イメージを視覚的に，かつストーリーとしても伝えられるよい題材です。子どもたちのもっているイメージやボキャブラリーには個人差がありますが，絵本は子どもたちのイメージをより鮮明に，より豊かにしてくれることでしょう。また，みんなで同じイメージを共有し，メインの活動に入ることで，表現のバリエーションは広がり，動作も大きくなることが期待できます。さらに，集中してしっかりと耳で聴き，目で視てイメージすることは，子どもの脳の発達にもつながります。
　絵本以外にも身近な素材を使った，いろいろな導入が考えられます。たとえば，新聞紙などは手軽に手にはいるうえ，「大きく広げて座ってみる」「はみ出ないように寝てみる」「1回たたんで立ってみる」「2回，3回たたんで，その度に，はみ出ないように立ってみる」などの多様なアレンジができ，とても便利な素材です。子どもたちは，どんどん小さくなっていく新聞に興奮し，どきどきしていきます。これが，心の開放です。ほかにも布や，風呂敷，園で被る帽子やタオル，保育室などにある楽器なども使えます。身近な物だからこそ，子どもたちも抵抗なくすんなりと受け入れられるというのもメリットです。
　「好きなように立つ」「寝転ぶ」「はみ出ないように工夫してみる」「ほかのお友だちの表現をみて真似をする」，これらすべてが表現です。保育者がリラックスして，子どもたちと一緒に楽しむことが何よりも大切です。身近な素材はたくさんありますので，いろいろ工夫しながら，楽しんでみましょう。
　では，参考までにいくつかの導入素材を具体的に紹介していきましょう。

＊1　幼稚園教育要領（第1章総則）では，「幼児は安定した情緒の下で自己を十分に発揮することにより発達に必要な体験を得ていくものであることを考慮して，幼児の主体的な活動を促し，幼児期にふさわしい生活が展開されるようにすること」と謳われています。

導入にオススメ！

手遊びいろいろ　事例①

はじまるよ，はじまるよ

対象年齢 目安	2歳	3歳	4歳	5歳
大人と一緒に	♪	♪	♪	♪
先生を見本に	♪	♪	♪	♪
ひとりで	♪	♪	♪	♪
お友だちと		♪	♪	♪

ざわついた状態から読み聞かせなどの活動にうつりたい時などにつかわれる定番の手遊びです。数を示す指の形から連想したものに変身する楽しい手遊びで子どもたちも大好きです。

● 準備するモノ ●

ありません

・・・ 手遊び展開事例 ・・・

はじまるよ，　はじまるよ

作詞：不祥　作曲：不祥

はじ　まる　よっ　たら　はじ　まる　よ　はじ　まる　よっ　たら　はじ　まる　よ

い　ち　と　い　ち　で　に　ん　じゃ　だ　よ　（ドローン）

あそび方

● **A部分**：「はじ・まる・よ」は1拍ずつ手を叩きます。
　　　　　※「ったら」は，手拍子なしです。
● **B部分**：数によって振り付けが変化していきます。
　　　　　①前半は右，左と数を指で示します。
　　　　　②後半は，立てた両手の指からイメージするもののポーズをとり，最後に好きなリアクションをしましょう。
　　　　たとえば…
　　　　　　2と2で　かーにーさん（シャキーン）
　　　　　　3と3で　ねこのひげ（ニャーン）
　　　　　　4と4で　タコの足（ぶらぶらぶら）
　　　　　　5と5で　ちょうちょさん（ひらひらひら）

グー・チョキ・パーでイメージしよう！

手遊びいろいろ　事例②

グーチョキパーの歌

曲に合わせて，じゃんけんでお馴染みの「グー」「チョキ」「パー」の組合せで，いろいろなものを表現してみましょう。どんなものがイメージできるかな？

対象年齢　目安	2歳	3歳	4歳	5歳
大人と一緒に	♪	♪	♪	♪
先生を見本に	♪	♪	♪	♪
ひとりで		♪	♪	♪
お友だちと		♪	♪	♪

● 準備するモノ ●

ありません

・・・ 手遊び展開事例 ・・・

グーチョキパーの歌

曲：フランス民謡

Ⓐ グー チョキ パー で グー チョキ パー で なに つく ろう？ なに つく ろう？

Ⓑ みぎてがグー で ひだりてがチョキで かた つむ リー かた つむ リー

あそび方

● **A部分**：①歌の「グー」「チョキ」「パー」に合わせて手を出します（2回くり返す）。

②「♪なにつくろう？」で考えるポーズをして，左右にゆれます。

● **B部分**：右手・左手で「グー」「チョキ」「パー」のどれかを出し，そこから連想できるものを表現しましょう。
　　　　たとえば…
　　　　　・右手：「グー」／左手：「チョキ」→「かたつむり」
　　　　　・右手：「チョキ」／左手：「チョキ」→「カニさん」
　　　　　・右手：「パー」／左手：「グー」→「きのこ」
　　　　　・右手：「グー」／左手：「グー」→「ゆきだるま」

手で表現してみよう！

手遊びいろいろ　事例③

コロコロたまご

対象年齢	目安	2歳	3歳	4歳	5歳
大人と一緒に		♪	♪	♪	♪
先生を見本に		♪	♪	♪	♪
ひとりで		/	♪	♪	♪
お友だちと		/	♪	♪	♪

● 準備するモノ ●
ありません

"たまご"が"ひよこ"になり，"ひよこ"が"にわとり"になり
…と表現するものが変化していきます。
曲に合わせて楽しくイメージを表現してみましょう。

手遊び展開事例

コロコロたまご

1　コロコロたまごは [A]
　　おりこうさん [B]
　　コロコロしてたら [A]
　　ひよこになっちゃった [C]

2　ピヨピヨひよこは [C]
　　おりこうさん [D]
　　ピヨピヨしてたら [C]
　　コケコになっちゃった [E]

3　コロコロピヨピヨ [A][C]
　　コケコッコー [E]
　　コケコとないたら [E]
　　あさがきた [F]

A ♪コロコロたまごは
両手をグーにして，ぐるぐるまわす（かいぐり）

B ♪おりこうさーん
たまごをイメージしたグーの手を，もう片方の手でなでる（4回）

C ♪ひよこになっちゃったー
親指以外の指をそろえ，くの字に曲げ，親指と人差し指をくっつけたり，離したりして4回パクパクさせる（ひよこのイメージ）

D ♪おりこうさーん
片手を[C]のままにして，その手をもう片方の手でなでる（4回）

E ♪コケコになっちゃったー
腕を上下に，羽ばたくように動かす（にわとりのイメージ）

F ♪あーさーがきたー
手をキラキラさせて，前から大きくぐるりと1周まわす

コロコロたまご

作詞：不祥　作曲：不祥

コ　ロ　コ　ロ　た　ま　ご　は　お　り　こ　う　さ〜ん

コ　ロ　コ　ロ　し　て　た　ら　ひ　よ　こ　に　なっ　ちゃっ　た〜

手遊びから体遊びへ

手遊びいろいろ　事例④
ちょっとぱ～さん

「ちょっとぱ～さん」の手遊びにあわせて，手でじゃんけんをしましょう。
　はじめは大人を見ながらまねをして，できるようになったら子ども同士が向かい合ってやってみるなど，さまざまなバリエーションで楽しめるとよいでしょう。

対象年齢　目安	2歳	3歳	4歳	5歳
大人と一緒に	♪	♪	♪	♪
先生を見本に		♪	♪	♪
ひとりで				
お友だちと			♪	♪

● 準備するモノ ●
ありません

手遊び展開事例

　まずは，歌にあわせてじゃんけんをして，「ちょっとぱ～さん」の手遊びを楽しみましょう。そして，この振り付けを覚えたら，お友だちと，みんなでなどの関係性を変えたり，足じゃんけんにしてみるなどの身体部位を変えたり，ぐるっと回る回数を増やすなどアクションを変える等々，いろいろなバリエーションでやってみましょう。

● ≪ちょっとぱ～さん≫

♪ちょっと　　♪ぱ～さん　　♪ぐーすけ　　♪ちょうだい

♪かみに　　♪くるんで　　♪ちょうだい　ちょうだい　　♪ぐるっと回って　じゃんけんポンッ

「ちょっとぱ～さん」をアレンジしてみよう！

　「ちょっとぱ～さん」の手遊びにあわせて，本書のp.132を参考に「からだじゃんけん」バージョンに挑戦してみましょう。

　※手と足とがバラバラにならないように注意しましょう。

英語の手遊びを楽しもう！

手遊びいろいろ　事例⑤海外編

Wind the bobbin up
（ワインド　ザ　ボビン　アップ）

（　糸巻きの歌　）

対象年齢 目安	2歳	3歳	4歳	5歳
大人と一緒に	♪	♪	♪	♪
先生を見本に		♪	♪	♪
ひとりで			♪	♪
お友だちと				♪

● 準備するモノ ●

ありません

日本の「糸巻きの歌」のメロディで行う手遊びです。日本の表現あそびの「糸巻きの歌」と前半部分はほぼ同じ動きですが，「トントントン」にあたる部分でアメリカ版では手拍子をするところが異なっています。

「Wind the bobbin up」の歌詞のところで両手をしっかり回しつつ，腰も左右に振ると，さらに楽しい動きになりますよ。

歌いながら英語の手遊びも楽しんでみましょう。

・・・　手遊び展開事例　・・・

アメリカ版でも振り付けイメージは「糸巻き」と同様です。糸巻きをイメージしながらあそんでみましょう。

4歳児・5歳児は，日本語版と英語版の両方を覚えて，交互に踊ることにチャレンジしてみても面白いでしょう。

● ≪Wind the bobbin up≫　作詞・作曲不詳（外国曲）

♪Wind the bobbin up
Wind the bobbin up

①右腕と左腕をぐるぐると交互に回転させる（かいぐり）

♪Pull, Pull

②両手をグーにして，左右にひきつける（2回）

♪Clap, Clap, Clap

③両手をたたく（3回）

♪Wind the bobbin up
Wind the bobbin up
Pull, Pull
Clap, Clap, Clap

④①〜③をもう1回くり返す

♪Point to the ceiling
Point to the floor

⑤両手で天井，床面と指さす

♪Point to the windows
and point to the door

⑥両手で右側，左側と指さす

かわいい海外の手遊び

手遊びいろいろ　事例⑥海外編

Incy Wincy spider
（インシー　ウィンシー　スパイダー）
（とっても小さなクモさん）

対象年齢　目安	2歳	3歳	4歳	5歳
大人と一緒に	♪	♪	♪	♪
先生を見本に		♪	♪	♪
ひとりで			♪	♪
お友だちと				♪

● 準備するモノ ●
ありません

かわいいクモさんの手遊びです。
クモさんの動きをイメージしながら，楽しくあそびましょう。
「小さなクモさんが，途中で水をかぶりながらも，壁の上をゆっくり，着実に上っていくよ！」というユニークな曲です。曲調も調べて，挑戦してみましょう。

・・・ 手遊び展開事例 ・・・

①と④は，クモさんがリズムに乗って上へ移動する意味の振りなので，両指をゆっくり大きく動かしましょう。しかし，①の指の組合せは幼児にはむずかしいので，対象の年齢に合わせて組み合わせる回数を少なくするなどの工夫が必要です。

歌と振りが上手にできるようになってきたら，どんどんテンポを速くしてやってみても楽しいでしょう。

≪Incy Wincy spider≫　作詞・作曲不詳（外国曲）

♪Incy Wincy spider climbed up the water spout

①両手の親指と人差し指を交互に組合せ，上になっている方の接点を軸に，下になっている方の親指と人差し指を手の甲側へ反転させて，少しずつ上へと移動させていく（4回）

♪Down came the rain and washed the spider out

②手をひらひらさせながら下へ移動し，「♪washed…」の部分で水を払うように振り切る

♪Out came the sun and dryed up all the rain

③にっこりしながら，右，左と手をあげて大きな円をつくる

♪So the incy wincy spider climbed up the spout again

④クモがゆっくりあがっていくイメージで，①と同じ動きをくり返す

72

> **コラム** 欧米における創造的身体表現の教育

　創造的身体表現を教育の中に最初に組み入れたのは，アメリカとイギリスです。しかし，両者の展開は異なっており，「アメリカでは芸術教育的側面を重視した実践が展開されたのに対し，イギリスでは運動教育的側面を重視した実践が展開され」[*1]ました。
　両国では，具体的に身体表現をどのように教育の中に組み入れ，展開していったのでしょうか。それぞれの身体表現教育をみていきましょう。

●アメリカでの身体表現教育

　アメリカの創造的身体表現は，1887年体育指導者であるWilliam Andersonが，当時設立された女学校や女子大学においてフォークダンスを導入したのが始まりとされます。その後，1930年代に入ると，John Dewey（1845〜1952）らの新教育思想に大きな影響を受けたThomas D.Wood（1865〜1951）が，それまでの身体修練として行われてきた形式体操を重視した体育から，スポーツやダンスを教材とする児童中心の体育へ転換しました。
　この教育変革と時を同じくして，舞踊界では，アメリカ・モダンダンスが隆盛してきました。1931年にはダンス・セクション（ダンス専門分科会）が創設され，さらに1934年には夏期舞踊学校「ベニントン・スクール」が開校し，舞踊史上に残る新進気鋭の舞踊家たち（Martha Graham, Doris Humphrey, Charles Weidman, Hanya Holm）や舞踊評論家（John Martin）が指導しました。
　こうして，アメリカでは，芸術と教育の両側面から研究・啓蒙・指導者養成が進み，多くの芸術家が参画することにより，芸術教育への指向性が高まり，一気に大学教育にまでダンスが広がっていきました。

●イギリスでの身体表現教育

　これに対し，イギリスのダンス教育は，1885年にMartina Bergman Osterberg（1849〜1915）が体操専門学校を開校し，スウェーデン体操を行ったことに始まります。その後，ダルクローズのユリーズミックスやグリークダンスも導入され，1920年代にはベッドフォード大学がモダンダンスを導入しました。さらに，1938年にはRudolf Von Laban（1879〜1958）がナチスの弾圧・迫害からイギリスへ亡命し，ダンスコースを開設しました。このことにより，イギリスにおける舞踊教育はLaban（p.62参照）が中心となり，学校現場へと浸透していきました。
　アメリカが芸術指向だったのに対し，イギリスではすべての人への舞踊教育の方向性（Dance for all）をもち，Labanによる舞踊理論をもとにした舞踊教育が展開されました。特に幼児期は，創造的身体表現活動であるCreative Movementが行われ，現在に至るまで続いています。

[*1] 片岡康子「舞踊教育の思潮と動向」『舞踊学講義』大修館書店，p.118，1991

動きをイメージ！

導入に使える おススメ絵本

● 絵本を楽しもう♪ ●

▲にこにこ笑顔でどんな絵本を読んでるのかな？

　身体表現あそびの導入で，絵本を使ってイメージを共有するのもよいでしょう。選書する時には，体の動きを引き出すために，具体的な動きがあるものや擬音語・擬態語でイメージが膨らむものなどを意識して選ぶのがポイントです。
　ここでは，具体的に表現あそびの導入にオススメの絵本をいくつか紹介しましょう。

おススメ絵本例

● 擬態語・擬音語が楽しい絵本

『もけら　もけら』
山下洋輔・ぶん／元永定正・え
福音館書店

『がちゃがちゃ　どんどん』
元永定正・さく
福音館書店

『もこ　もこもこ』
谷川俊太郎・さく／元永定正・え
文研出版

● 動きが引き出される絵本

『だるまさんが』
かがくいひろし・さく
ブロンズ新社

『ぴょーん』
まつおかたつひで・さく
ポプラ社

『くっついた』
三浦太郎　作
こぐま社

> だるまさんシリーズは3冊。大型絵本もあるので，読み聞かせをしながら動くこともできます。

『とんねる　とんねる』
岩田明子　ぶん・え
大日本図書

『あめかな！』
U.G.サトー　さく・え
福音館書店

Ⅲ.実践編　2.導入に使いたい手遊び・絵本・身近な物

● **表現あそびにあわせた絵本を選ぼう！**
　日頃からさまざまなテーマの絵本を手にとり，導入に活かしてみましょう。

動物

『できるかな？』
エリック・カール 著
くどうなおこ 訳
偕成社

『どうぶついろいろ
かくれんぼ』
いしかわ　こうじ・さく
ポプラ社

大小

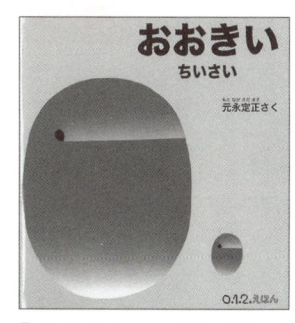

『おおきい　ちいさい』
元永定正・さく
福音館書店

乗り物

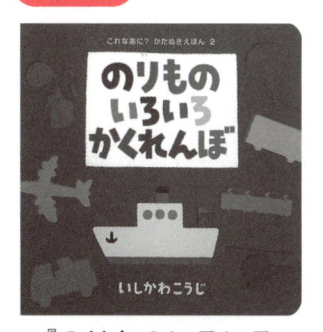

『のりものいろいろ
かくれんぼ』
いしかわ　こうじ・さく
ポプラ社

花火

『はなび　ド～ン』
カズコ・G・ストーン
童心社

いもほり

『いもほりよいしょ！』
きむら ゆういち・さく
いもと ようこ・え
教育画劇

ぐるぐる

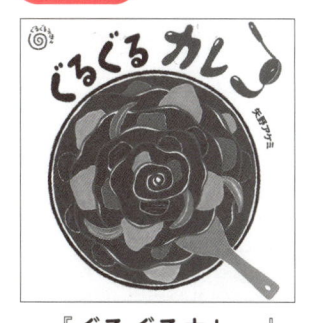

『ぐるぐるカレー』
矢野アケミ・さく
アリス館

洗濯

『ぐるぐるせんたく』
矢野アケミ・さく
アリス館

Point
長いお話より，表すものをイメージできたり，具体的な動きが引き出せる内容を選ぶとよいでしょう！

表現をさらに楽しく！

導入に使える 身近な物

● 身近な物を表現にプラス♪

▲紙皿をもって踊ります！

表現あそびやその導入に身近な物を使うと，さらに楽しく，身体表現の動きを引き出すことができます。
ここではオススメ素材である伸縮布・プチプチマット・キラキラペット・紙皿・新聞紙・ムーブメントスカーフ・リボンを具体的に紹介していきましょう。

オススメ素材

● **伸縮布**

　伸縮布とは，「オペコット」または「トリコット」とよばれる伸縮性の高いストレッチ布のことです。この布は，レオタードの生地にも使用され，強度にも優れています。大きな生地屋さんでメーター購入でき，四隅を縫わずに使えて，洗濯もでき，さらに鮮やかな色がいろいろあります。

　幼児ならブランコのように持ちあげたり，乗せて運んだりすることも可能ですので，子育て支援でもよく活用しています（※ブランコの際には，必ず中の子どもは座るようにし，安全に気をつけてください）。

　このほか，布の周囲を持って新聞紙のボールや軽いボールを落とさないように弾ませてあそぶのもとても楽しい活動です。「1．2．3」と自然に掛け声を合わせて，他者と息を合わせることも学べる教材です（「ぐにゃぐにゃ　ぴーん」p.144を参照）。

▲ブランコでゆらゆら

▲魔法のじゅたん，ビューン！

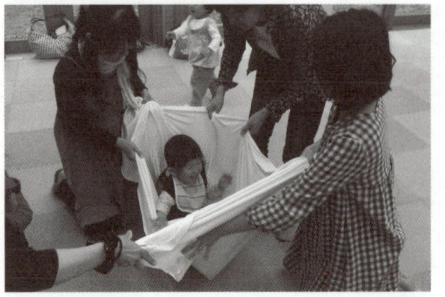

▲みんなで見守り，声をかける

子育て支援の場では，「ひとりの子どもを皆で見守り，声をかけていく」ことが原点です。このような活動を組み入れながら，子育て支援の原点を親子で体感しながら，気づいていけるようにサポートをしていけるとよいですね。

● 気泡緩衝材（プチプチマット）

梱包用のパッキング材としてよく見かける通称「プチプチ！」。

たとえば，床に広げて，乗ってみると，歩くたびに「プチッ」と音がして，とても楽しいです。かかとや爪先で歩いたり，大きくジャンプしたり，子どもたちは「どうすれば，大きな音がするか」「たくさん割れるか」などあそびこみます。

写真は音楽に合わせて，大きく足踏み，小さく足踏み，ジャンプなどしてあそんでいるようすです。透明なので，下に色紙などを敷きこんで，そこを踏んだり，氷に見立てて，音のしないように渡ったり，いろいろなあそびが展開できます。

＊気泡の直径が約2cm以上の物を用意しましょう。通常（約1cm）より大きめの方が幼児が歩いて割れやすく，大きな音がします。

▲大きめつぶのプチプチ　　　　▲リズムに合わせて，踏みならそう！

● キラキラペット

使用済みのペットボトルを中性洗剤で洗ってよく乾かし，ミラーテープを細かく切って入れて作ります。はさみが使えるようになったら，自分の好きな色のテープを切って，自分の指でつまんで入れ，オリジナルキラキラペットを作るとより楽しいでしょう。

リズムダンスを踊るときにポンポンの代わりに持って振ると，カサカサと音がして，きれいに光ります。

もちろん，表現あそび以外にもボーリングのピンや輪投げの的，転がしてあそぶなど，いろいろなあそびが展開できます。

▲キラキラペット

● 紙皿

上に乗ってくるくる回わったり，ブーメランのように投げたりすることもできます。ほかにも，お面やうちわ，ハンドル，ボールなど，いろいろな物に見立てて表現することも可能です。また，お皿に絵を描けば，カルタとしても使えます（活用具体例「演習：アクション」p.48を参照）。

▲鏡に見立ててお化粧中

● 新聞紙

　いろいろな形になる新聞紙を真似したり，ちぎって花吹雪にしたり，と大活躍のアイテムです（具体例：「しんぶんしマンになりきろう」＜p.130＞，「新聞紙と仲良くあそぼ」を参照）。

▲飛行機かな？　おふとんかな？

● ムーブメントスカーフ

　軽くて透けて見える色とりどりの「ムーブメントスカーフ」。柔らかな生地であれば，身近にある布や風呂敷でも大丈夫です。布を持って踊ると，その分も大きな空間が動き，ダイナミックな表現になります。また，布の特性として柔らかい動きにも役立ちます。

　子育て支援に参加した写真の2歳児は，布をかぶって「いないいないばぁ」をしています。そして，透けて見える色の世界を楽しんでいるようすが伺えます。また，母親と風を感じる活動も楽しそうです。

　3歳児以上では，想像世界への手がかりとして，マントや腰に巻いてヒーローや忍者，ベールにしてお姫様など，なりきるための衣装にも活用できます。

▲すてきな色の世界　　　　　　　　　▲風を感じて

● リボン

　プレゼントなどに飾られるリボン。きれいに取っておいて50cmほどに切り，いろいろな色を3〜5本を束ねます。結び目をもって振ったり，回したりすると，ひらひら，くるくると動き，きれいです。空間にリボンで字や絵を描いてくように，腕を大きく動かしてみるのも楽しいでしょう！

　写真の子育て支援活動では，2歳児の子どもたちがリボンを持って走りだし，くるくる回り，お母さんにリボンをつけてあげていました。

▲どの色にしようかな？　　　　　　　▲ママと一緒にリボンをゆらゆら〜

身近な物で楽しもう！

身近な物を使った 展開事例
新聞紙と仲良くあそぼ

対象年齢	目安	2歳	3歳	4歳	5歳
展開①				♪	♪
展開②				♪	♪
展開③			♪	♪	♪
展開④		♪	♪	♪	♪

● 準備するモノ ●

＜必須＞
・新聞紙

身近な素材であり，軽くて，大きさも手頃。切っても，貼っても，広げても，たたんでも，巻いても使えるスーパー素材「新聞紙」。上手に使って，さまざまな表現あそびを楽しみましょう！
たとえば，こんな表現あそびは，いかがでしょうか。

指導展開事例

　音楽をつかって，そのリズムに合わせて動きを変化させるのもよいでしょう。その際，保育者（指導者）は曲調子に合わせて動きをリードするようにしましょう。

展開①リズムにあわせて，ちぎろう
　ポップなイメージの曲の時には，楽しい曲調子に合わせて新聞紙をちぎったりするなど，リズムに乗りながら新聞紙を細かくちぎっていきましょう。新聞紙を連続して破くのに適したビートのものを選ぶと子どもも活動に楽しく参加出来るのでオススメです。

展開②音を楽しもう
　ちぎった新聞紙を手にもって，リズムに合わせて音を出してみよう。チアリーダー風に手を振りながら音を出すなどバリエーションも考えてみましょう。

展開③新聞紙の雪を降らせてみよう
　リズムにあわせて細かくちぎった新聞紙を投げ上げたり，放り投げたりしてみましょう。リズムによって雪にも花吹雪にも見えるかもしれませんね。

展開④新聞紙の海を泳いでみよう
　細かくちぎった新聞紙の海を泳いで，全身で新聞紙を感じてみましょう。

▲思いきり投げ上げて

▲きれい！　雪みたい！

● 新聞紙を使って展開してみよう

展開例 ＜命の教育に繋げてみましょう＞

1. ちぎった新聞紙を集めて大きな山をつくり，その中に1,2名が隠れます。
2. 山のまわりをみんなで囲んで「ハッピーバースデー」を歌います。
3. 隠れた1,2名が元気に，そっと少しずつ，ジャンプしてなど，山の中から自分の感じたままに誕生します。
　まわりのみなさんはいろいろな"誕生"を見守りましょう。

※みんなも家族の想いに見守られ，誕生したんですよ。
一人ひとりの命を大切にね！

▲新聞紙の山に隠れてみたよ

③ Ⅲ．実践編
心と体をほぐそう

　導入で，「面白そう」「やってみたい」と子どもの興味関心を引き出したら，次は心と体をほぐしていきます。

指導案の流れ
1．導入
2．心と体をほぐそう
3．弾んで踊ろう 〜リズム〜
4．表現しよう！
5．まとめ

●なぜ，心と体をほぐすことが必要なの？

　体を温め，体を動かす準備運動をすることは，ケガの予防につながります。身体部位を順々に動かしていくことで，幼児は自分の体に興味をもち，「自分の体はどのように動かすことができるのか」などを理解することもできます。そして，ほぐしていく楽しい体験は，身体意識を高めることにつながります。

　思いきり何かになりきって身体表現あそびをするときは，体だけではなく，心もほぐしていくことが必要です。「保育者に怒られてしまうのではないか」とびくびくするようでは，子どもの自発的で創造的な身体表現は生まれません。子どもたちが自分の思ったこと，考えたことをそのまま表現できる安心感は，保育者の笑顔や受容的な態度，「楽しいね」「面白いね」「一緒にやってみよう」などの言葉かけなどを通して得られます。表現を引き出すためにも，「自分のことを受け止めてもらえる」という受容的な雰囲気を演出し，保育者自身も一緒に楽しみながら体を動かしていくようにしましょう。

●心と体をほぐしていく方法

　スキンシップを多用したふれあい遊びや体の部位を温めていくストレッチ体操，簡単なダンスなど，さまざまなものがあります。参考までに，ここでは一緒に揺れたり，くすぐりあったり，思わず笑顔になるようなあそびを紹介していきます。

　特にスキンシップは，「保育者と子ども」や「子ども同士」の関係性をほぐしていくことにもつながります。保育者はあくまでも活動を進行していくファシリテーター（支援者）です。動きを真似してもらうことはありますが，それをヒントに子どもなりの表現が広がれば，大成功です。

　身体表現あそびでは，参加者全員が平等な関係性で，一人ひとりが尊重されることがとても大切です。肌の温もりから生きていることを実感し，お互いを尊重する気持ちを育んでいきましょう。

> **ポイント**
>
> 　心と体のほぐしは，小学校の体育では「体つくり運動」のなかで「体ほぐしの運動」として扱われ，1年生から6年生まで行います。運動嫌いの子どもが増える中，「体ほぐしの運動」は，体を動かす楽しさや心地よさを味わい，心と体の関係に気づき，体の調子を整え，仲間と交流することをねらいにしています。一生涯の健康づくりの土台を幼児期から築いていきましょう。

●参考文献●

・文部科学省『小学校学習指導要領解説　体育編』

さわって
ほぐそう♪

心と体をほぐそう　展開事例①

さわって みようかな

最初の活動として身体部位にふれるウォーミング・アップです。曲に合わせて，楽しく体の部位をめざめさせていきましょう。

対象年齢 目安	1歳	2歳	3歳	4歳
大人と一緒に	♪	♪	♪	♪
先生を見本に		♪	♪	♪
ひとりで			♪	♪
お友だちと				♪

● 準備するモノ ●

ありません

指導展開事例

●曲に合わせて，体の部位にふれていきましょう！

部位ごとに歌い，頭から足へ順番に進めていきます。

頭：「いいこ，いいこ」とやさしくなでる／猫の手にして指先で頭を軽くたたく
顔：ごしごし／手の平でおおう
頬：ぺちぺちたたく／優しく押して，ひょっとこ顔
耳：横や上に引っ張る
口：片手をあて，あわわをする
首：首をさわって左右に傾ける／前後にゆっくり曲げる
腕：肩から手先でパタパタたたく／なでる（両腕を交互に）
肩：とんとんたたく（両肩を交互に）
胸：ぱたぱたたたく／深呼吸して胸が膨らんだり，しぼんだりするのを手で確認する
お腹：ぐるぐるなでる／くすぐる
お尻：ぽんぽん叩く
脚：太ももの外側からパンパン叩きながら爪先までおろし，内側から叩いて下から上へ
膝：ぐるぐる回す
足首：ぶらぶら（片足立ちが難しい場合は，体育座りで膝を下から抱え，ぶらぶら）
背中：友だち同士で優しくたたき合う／こする
全身：ひとりで「背伸び」→「脱力」をくり返す

ほかには，どんな「さわってみよう」が考えられるかな？

さわって みようかな？

作詞・作曲：小田切香織

そっと さわっ て みようかな　う〜ん？ おなか！ なでなで…（活動）

2人で動いて楽しいね！

心と体をほぐそう　展開事例②

ぞうさん

ペアの相手とコミュニケーションを取りながら、3拍子に合わせてゆったりと動く楽しさを味わいましょう。

対象年齢 目安	2歳	3歳	4歳	5歳
大人と一緒に	♪	♪	♪	♪
先生を見本に		♪	♪	♪
ひとりで				♪
お友だちと			♪	♪

● 準備するモノ ●
ありません

指導展開事例

1. ぞうさんの長い鼻のように，つないだ腕をゆらしてみよう

基本の動き

①2人組になり，手をつなぎます。

②つないだ手をふりながら，『ぞうさん』のうたにあわせて，ゆったりと動きましょう。

2. さまざまなゆれ方を楽しもう

●つなぎ方のバリエーション

・向かい合って
　　左手と右手（あるいは右手と左手）をつなぐ
　　左手と左手（あるいは右手と右手）をつなぐ

・横に並んで同じ方向を向いて
　　内側の手をつなぐ

> ほかにもできるかな？　ゆれながら，自然に生まれる動きを楽しみましょう。

●リズムの取り方のバリエーション

・ゆっくりと　　　「♪ぞーさん，ぞーさん」で一往復，左右にゆらす

・もっとゆっくりと　「♪ぞーさん，ぞーさん，おはながながいのね」で一往復，左右にゆらす

●動きのバリエーション

・その場で
　　息を合わせて，腕を左右にゆらす

・ゆれるはずみで，動きをプラス

> ぞうさんでお散歩して，エサをとって食べたり，水浴びしたり。長いお鼻が大活躍！

＊たとえば＊

・腕をゆらす方向に，左へ，右へと移動する
　　（2，3歩，足を運んだり，小走りして大きく移動したり）

・腕を振りあげる方向に身体を倒し，倒したのと反対側の脚をあげる

さらにアレンジ！◎3拍子を感じてゆれよう！

・指導者は，3拍子を感じながら，身体の重心の移動を意識してゆれるとよいでしょう。

・1拍で沈み込み，2，3拍で腕を振りあげた方向に伸びあがりましょう。

捻って，回って，ゆ〜らゆら

心と体をほぐそう　展開事例③

洗濯ごしごし

対象年齢 目安	2歳	3歳	4歳	5歳
大人と一緒に	♪	♪	♪	♪
先生を見本に	♪	♪	♪	♪
ひとりで		♪	♪	♪
お友だちと		♪	♪	♪

● 準備するモノ ●

ありません

洗濯機で洗われて，タンスにしまわれるまでをイメージして，洗濯物になったつもりで表現してみよう！

ねらい
①いろいろな身体部位に触れながらウォーミングアップ
②力強い動きと柔らかな動き，みんなでぐるぐる回り（反対回り）など，さまざま質の動きをしてみる

指導展開事例

● 洗濯物に変身しちゃおう！

曲を歌ってから，次の展開につなげると，テンポよく動けるのでオススメです。

<せんたく>　　　　　　　　　　　　作詞・作曲：小田切香織

せん　たく　せん　たく　ジャブ　ジャブ　ジャブ　せん　たく　せん　たく　ジャブ　ジャブ　ジャブ

1．まずはごしごし洗うよ！
　頭から順に下に下がるように両掌で身体部位をごしごしこすりましょう。

2．洗濯機に回されてぐ〜るぐるッ
　ぐるぐる回って，ピタッと止まって，今度は反対回り。ピタッっと止まって…あれれ，からまっちゃったよ（身体部位のどこかを捻じる）。洗濯機の中の洗濯物をイメージして，なりきって表現してみましょう。

> 洗濯物のイメージがしやすいように，場面などを具体的に言葉がけしてみましょう。

3．洗濯物を干すよ！　日光を浴びながら，風に揺られてゆ〜らゆら
　ぴんとからだを大の字（パー）に伸ばして，洗濯物が干されているようにゆらゆら揺れてみましょう。

4．アイロンがけだ！ピーンと伸びよう
　アイロンかけをイメージして，「ピーン」と言いながら，掌で身体部位に触れ，関節を伸ばしていきましょう。

5．小さくたたまれたら，タンスの中へ・・・
　片腕ずつ，片脚ずつ，胴体，首など，順々に曲げられるところをたたんでいき，きれいに畳まれた洗濯物を表現してみましょう。

ARRANGEMENT

親子やお友だち同士，二人組みなど，関係性を変えて表現してみよう！

体ほぐしにオススメ

心と体をほぐそう　展開事例④

ぶらぶら〜ピタッ

体をほぐすのと同時に，心の緊張もほぐして，ケガをふせぎ，楽しく活動できるようにしていきましょう。

対象年齢 目安	2歳	3歳	4歳	5歳
大人と一緒に	♪	♪	♪	♪
先生を見本に	♪	♪	♪	♪
ひとりで		♪	♪	♪
お友だちと		♪	♪	♪

● 準備するモノ ●

ありません

指導展開事例

1. ぶらぶらしてみよう！

まずは，いろいろな身体部位をぶらぶらさせて，ほぐしていきましょう。

　　＜手＞　　　　＜足＞ 　　　　＜腰＞ 　　　　＜頭＞

● バリエーションを変えて，ぶらぶら〜

次は，位置（空間性）をいろいろに変えて，ぶらぶらしてみましょう。

　　＜上で＞　　　＜下で＞ 　　　＜横で＞ 　　　＜上半身をねじって＞

2. ぶらぶら〜ピタッ！！で止まってみよう！

「ぶらぶら〜」と揺らしてほぐしたら，今度は「ピタッ！！」と止まります。手，足，腰など，さまざまな部位をぶらぶらさせて，「ピタッ！！」と止まれるように挑戦してみましょう。

例）全身で「ぶらぶら〜ピタッ！！」

> かたくならずに，気楽に楽しく行うことが大切です。関節をやわらかく，心と体をリラックスさせましょう。

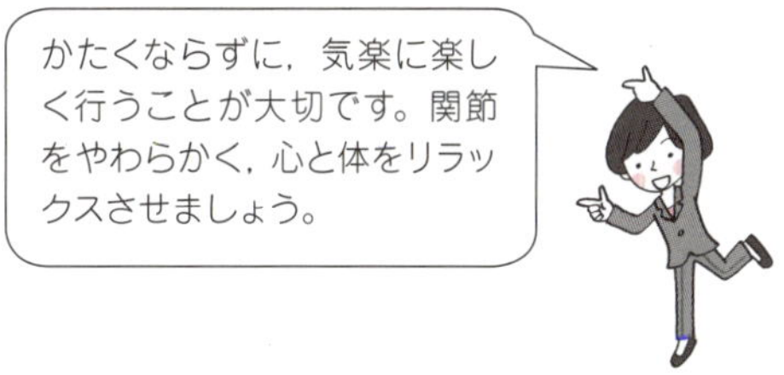

3. バリエーションを変えてみよう！

「ぶらぶら〜ピタッ！！」に慣れてきたら，さまざまなバリエーションでやってみましょう。

ぶらぶらさせる部位を「右手と左足」というように増やしたり，「ぶらぶら」の速度をだんだん速めていったり，止まるポーズをみんなで決めておいたりとさまざまなバージョンが考えられますね。

例）止まるポーズを決めてみよう

＜片足を上げて＞　　＜大の字でポーズ＞ 　　＜各自，オリジナルポーズで！＞

応用展開をしてみよう

身体部位を変えるだけでなく，関係性（例：親子で）や空間性（例：背伸びで止まる）など，いろいろな要素を変えて，「ぶらぶら〜ピタッ！！」のバリエーションを増やしていきましょう。たとえば，こんな「ぶらぶら〜ピタッ！！」はどうでしょう？

● 関係性を変えてみよう

「ピタッ！！」と止まる時にお友だちと，さまざまな部位でタッチしてみましょう。

例）てのひら　　例）足のうら

● 空間性を変えてみよう

座った状態で「ぶらぶら〜ピタッ！！」をやってみましょう。

心も体も のび〜と しよう！

心と体をほぐそう　展開事例⑤

子ども用ストレッチ
〜星に願いを〜

対象年齢	目安	1歳	2歳	3歳	4歳
大人と一緒に			♪	♪	♪
先生を見本に			♪	♪	♪
ひとりで				♪	♪
お友だちと					♪

● 準備するモノ ●
ありません

「星に願いを」の曲に合わせて，ゆっくり，体のいろいろな部位を伸ばしていきましょう。

指導展開事例

やり方

①頭上で右手をパーにしてキラキラ☆（8拍）

②首を左に傾け，右の掌で頭をそっと抑え，右首筋をのばす（8拍）

③反対の首筋も同様にしてのばす（8拍）

④両手をキラキラしながら，両手を後頭部にあてる（8拍）

⑤両手でゆっくりと後頭部を下に引っ張り，下を見るように首の後ろ側を伸ばす（8拍）

⑥両手はそのまま後頭部を包むようにして，上を見る（首の前側を伸ばす）（16拍）

⑦右手はキラキラ☆させ，左手でその右手首をキャッチし（お星さま捕まえて），左手で右腕を引っ張るように左側に体を倒しながら右体側を伸ばす（8拍）

⑧左右を逆転させ，同様に左体側を伸ばす（8拍）

⑨右体側，左体側と，同様の方法でもう1セット行う（8拍×2）

⑩右足を後ろに下げ，両手を上でキラキラ☆させながら，右足のアキレス腱を伸ばす（8拍）

⑪両手を左ひざまで下し，「お星さま，お膝に〜」の言葉かけを合図に，さらにじわじわ右アキレス腱を伸ばす（8拍）

⑫左足アキレス腱も同様（8拍×2）

⑬足を開いて，体を正面にし，両手を上でキラキラ☆させ，「床にお星さま落ちてきた」の言葉かけで体を前屈させる（8拍）

⑭起きあがったら，「お星さま，みよう！」の言葉かけを合図に反る（8拍）

⑮「宇宙人がきたよ」の言葉かけで，右腕を左に出して，左腕を下からあてがい，そのまま真後ろまで体をひねって，肩ストレッチ＆体捻り（8拍）

⑯反対も同じように行う（8拍）

⑰体を小さくした「グーポーズ」から，だんだん伸びて背伸び（息を大きく吸い込む）（8拍）

⑱息を吐きながらしゃがんでいき，体全体で「グーポーズ」（8拍）

⑲もう一度背伸びをして，カウントダウン「5・4・3・2・1」でジャンプをし，ロケット発射！

※2，3番があるバージョンの曲を使う場合には，動きをくり返しましょう。

星や宇宙などをイメージしながら，のび〜とできるように言葉かけを工夫してみよう！

▲親子でのび〜

親子体操で楽しもう！

心と体をほぐそう　展開事例⑥

おかあさんのおふね

対象年齢	目安	2歳	3歳	4歳	5歳
大人と一緒に		♪	♪	♪	♪
先生を見本に					
ひとりで					
お友だちと					

「おかあさんのおふね」は，保護者自身が動きを考え，自分の子どもと楽しい身体表現あそびをみつけていくことを大事にした親子体操です。保護者同士が協力して表現し，子どもたちとふれあう展開方法も可能です。子育て支援にオススメです。

● 準備するモノ

＜オススメ＞
・ピアノなど伴奏に使える楽器

指導展開事例

やり方

「お母さんの〇〇できるかな？」と歌いながら，保護者（大人）がいろいろなものに変身し，子どもとふれあいます。どんなものに変身できるでしょうか。

● お山
　お母さんが膝でお山を作り，子どもが登って立ちます。

● トンネル
　お母さんがいろいろな形のトンネルを作って，子どもがくぐり抜けます。お母さん同士が協力して，長いトンネルも作ります。

● おふね
　親子で長座になり，お船をこぎます。だんだん速くしていってから，今度は横波です。お母さんは子どもを抱えてゆらゆら横揺れ，「大波が来たよぉ！ザップ〜ン」で親子で床にひっくり返ります。意外性と転がる感覚がとても面白いです。

● ブランコ
　保護者が自由にイメージしたブランコで，子どもを揺らします。前後や左右に揺れたり，だっこしたまま，ぐるぐる回ったりするブランコもあります。

▲おかあさんのお膝の山

　ほかにも，すべり台や飛行機，木登り，廻旋塔など，さまざまなものに保護者が変身し，子どもとのふれあいを楽しむことができます。

＜おかあさんのおふね＞

作詞・作曲：高野 牧子

おか あさん の　お－ふね　で きる か な

親子でスキンシップ！

心と体をほぐそう　展開事例⑦

おいもごろごろ

対象年齢 目安	2歳	3歳	4歳	5歳
大人と一緒に	♪	♪	♪	♪
先生を見本に				
ひとりで				
お友だちと		♪	♪	♪

● 準備するモノ ●

ありません

　特に秋にオススメの「おいもごろごろ」は，子どもをお芋に見立てて，保護者（大人）が子どもを優しくゆすったり，ごしごししたりと，親子でふれあいながらスキンシップを図りつつ，子どものマッサージにもなる表現あそびです。
　かけ声に合わせて，楽しくふれあい，さらにふれあう感触や息が合っていく感覚も楽しみましょう。

指導展開事例

　「おいもごろごろ」は，保護者が子どもをお芋に見立てて調理をするイメージ遊びです。掘り出すところからスタートして，最後は手遊びの「焼き芋」に合わせてジャンケンをします。
　さてさて，どんなお芋料理ができるかな？

基本の動き

①お芋役の子どもが，保護者の前にごろんと寝ます（仰向けでもうつぶせでもOK）。

②「おいもごろごろ，おいもごろ！」のかけ声にあわせて子どもを優しくゆすります。
　「ごろごろ」のところのところで子どもの体を左右に優しくゆすり，最後にピタッと止まるところがこのスキンシップの面白いところ。最初は止まれなくても，何回もくり返すと，次第にお母さんも子どもの息が合ってきて，一緒にピタッと止まれるようになっていきます。

③「おいもごろごろ，おいもごろ！」とかけ声をかけ，「〇〇しましょう」というように動きをうながしていきます。

1. お芋掘り

　まずは，「お芋掘り」のイメージでお子さんの身体部位を優しくさすったり，引っ張ったり，「掘り出したお芋を洗う」イメージでこすったり，くすぐったりして，調理につかうお芋の準備をしましょう。

言葉かけ例

・「おいもごろごろ，おいもごろ！掘って掘って掘りましょう！」
・「引っ張れ引っ張れ，よいしょ，よいしょ」
・「ごしごし，ごしごし洗いましょう」

> かけ声の語調は，以下の通りです。参考にしてみてくださいね。

＜おいもごろごろ＞

お　い　も　ご　ろ　ご　ろ　お　い　も　ご　ろ

Ⅲ．実践編　3．心と体をほぐそう

2. 調理をしよう

お芋料理の手順に合わせて、さまざまな段階をイメージし、表現してふれあいます。

「どんな料理にするか」「どんな手順で、どんな風にふれあうか」などを考えつつ、言葉かけをしながら、ふれあいをサポートしていきましょう。

> イメージをしやすい言葉かけになるよう、工夫してみましょう。

● スイートポテト

保護者は、保育者（指導者）の言葉かけに合わせて、動きをイメージして子どもにふれあっていきます。最後の味見で子どもの体をパックンと抱きしめましょう。

言葉かけ例
- 「ギュギュギュ〜ってつぶしましょう！お砂糖も入れて、混ぜ混ぜ！ステキな形に整えて！上手にできたら、そ〜っと味見」

● お芋の天ぷら

調理段階に合わせて、ふれあいます。さらに最後の盛り付けでは、子どもをいろいろなポーズにするだけではなく、お母さんも自然に子どもと一緒にポーズを決めましょう。いろいろな形の天ぷらが出来上がって楽しいですよ。

言葉かけ例
- 「切って切って、トントントン」
- 「天ぷら粉をつけるよ。べたべたべた」
- 「さぁ、油で揚げるよ。パチパチパチ、ジュワジュワジュワ」
- 「どんな形に揚がったかな？お皿にそってのせて見せて！」

▲かわいいお芋がご〜ろごろ

3. 最後は＜焼き芋＞で、ジャンケンポンッ！

保護者がホイルになって、子どもを優しく包み込み、一緒に「焼き芋」になります。

そして、最後は手遊びの「やきいもグー・チー・パー（作詞：阪田寛夫／作曲：山本直純）」に合わせて、からだジャンケン。（注意：ジャンケンの種類は、対象年齢に合わせて変えるようにしましょう）

● 子育て支援で「おいもごろごろ」をやってみよう！

「おいもごろごろ」では、保護者から多様な刺激を全身に受けるので、子どもはとても気持ちよさそうです。また、保護者の顔も自然とほころみ、親子のニコニコ笑顔が溢れる活動となります。

スキンシップを図るのが苦手な保護者でも「おいもごろ♪」のかけ声に合わせて行うので、気軽にふれあうことができます。さらに、家庭に戻ってからも子どもと一緒にあそべ、アレンジもできるので、子育て支援にオススメの表現あそびです。

また、子育て支援の際には、近くの親子同士が組になってのジャンケン大会にすると、参加者同士の交流も図ることもできます。

そのほかにも、いろいろな工夫ができますので、「どんなアレンジをしたら、もっと楽しいかな」と考えて、さまざまなバリエーションを愉しんでみましょう。

"親子ダンス"や クールダウンで！

心と体をほぐそう　展開事例⑧

ほしのかずだけ

対象年齢	目安	1.5歳	2歳	3歳	4歳
大人と一緒に		♪	♪	♪	♪
先生を見本に				♪	♪
ひとりで					
お友だちと				♪	♪

心温まる歌詞とメロディーにあわせて，親子でスキンシップを図りながら踊り，命の大切さを感じましょう。

ねらい
優しいメロディに乗って，親子で一緒に踊って楽しむ。

● 準備するモノ ●
ありません

指導展開事例

ほしのかずだけ
作詞・作曲：梅田悟司

＊1番
- はじめまして　よろしくね　Ⓐ
- きみがここにいることだけで　Ⓐ
- うれしくて　うれしくて　Ⓐ
- かみさまにかんしゃしたんだ　Ⓐ
- ながいながいたびをおえて　Ⓑ　やっとめぐりあえた　Ⓒ

サビ
- きみのみるせかいは　なにいろなのかな　Ⓓ
- ふたりのことばでおしえてよ　Ⓓ
- きみのゆくみらいは　かがやくから　Ⓓ
- ほしのかずだけ　おめでとう　Ⓔ

＊間奏
＊2番（1番の振りつけと同じ）
＊サビ2（サビの振りつけと同じ）
＊間奏
＊サビ3（サビの振りつけと同じ）

ほしのかずだけ　おめでとう　Ⓔ

(C)2008 by DENTSU MUSIC AND ENTERTAINMENT INC.

特記事項
この曲は歌詞と拍の切れ目が一致していないため，動きに歌詞をあてず，拍数での表記とさせていただいております。ご了承下さい。

スタンバイ
向かい合って立ち，手をつなぎ，歌の"は〜♪"がきこえたらⒶの動きに移る

Ⓐ ＊①，②を2回くり返す
① つないでいる手を上下に4回振る（8拍） 
② 手をつないだまま，ゆっくりまわる（8拍）
※2番は速く回ってもよい

Ⓑ ＊①，②を4回くり返す
① 両手をつなぎ，腕を伸ばして見つめ合う（2拍） 
② 手をつないだままで両手をひろげて顔を近づける（2拍）

Ⅲ．実践編　3．心と体をほぐそう

C

①手を離し，両手で顔を覆って「いない　いない…」（4拍）

②両手を顔の横で　ひろげて，「ばあ！」（4拍）

間奏では，ふたりで手をつないで，お散歩です。好きなところへゆっくり歩きましょう！

D ＊①～③を2回くり返す

①両手をつないで振りながら，横に2歩カニさん歩き　（4拍）

②両手をつないで振りながら，さっきと逆方向に横へ2歩，カニさん歩き　（4拍）

③手をつないだまま，4回ゆっくりジャンプ　（4拍）
※親子でジャンプでも，子どもを高くジャンプさせるでも可

E

①手を離して，頭上で手をキラキラふる　（6拍）

②キラキラポーズの子どもを両手でしっかりつかんで　（2拍）

③子どもを持ちあげる　（4拍）

ARRANGEMENT：クールダウンバージョン

ねらい
ゆっくり床に寝て，クールダウンをする。

やり方
①曲を聴きながら，床に寝て目を閉じる。
②鼻から息を吸って，口から細く長く全部の息を吐き出し，大きく深く呼吸をする。
③ゆっくり深い呼吸をくり返しながら，「いやだなぁと思ったこと」や「悲しいこと」，「悔しいこと」を背中から床へ吐き出すようにイメージをする。
④「一番楽しかったこと」「いっぱい笑ったこと」「幸せなこと」を思い出し，体に満たす。
⑤床に寝たまま，大きく背伸びをして，力を抜く。
⑥①～⑤を何度かくり返す。
⑦ゆっくり起き上がって，上半身を上に伸ばす。
⑧立ち上がって，背伸びをする。

コラム　海外での身体表現あそび（アメリカ・イギリス）

　世界には，各国さまざまなお国柄を反映した表現あそびがあります。ここでは，アメリカとイギリスを紹介しましょう。

1. アメリカ

　アメリカでは，日常生活をテーマにした，いろいろな歌や身体のあそびがあります。まず，日本とアメリカの"表現あそび"の中で「似ている点・違う点」を取りあげてみましょう。

●似ている点

　似ている点は，手遊び・表現遊びに使われている内容，表現する動作や構成方法が大きく違わないことです。たとえば，内容をみてみると，両国とも，身近な動物・植物・昆虫の動きや生態，人間の生活を取りあげたものが主流になっています。

　表現の動作や構成方法については，以下のように4つに分類できます。
①自分の手や身体を使って表現したいものの形をつくるもの
②直接，身体を触ってその部位を示すもの
③指や手を使った数え歌（①や②の動きも含まれる）
④自分で動いて，人の動作をしめすもの

　アメリカでは，0歳から2歳頃の赤ちゃんには，分類の①や②のような遊びが多く取り入れられていました。具体的には「インシー・ウィンシー・スパイダー：Incy Wincy Spider」（本書p.72）などがこれにあたります。また3歳を過ぎると③や④のように"数え歌"や"数え歌"と"身体あそび"が組み合わされた，さらに複雑なものも増えてきます。（例：「ワインド・ザ・ボビン・アップ：Wind the bobbin up」［本書p.71］）

　これらの理由として，つかまり立ちから歩行への移行期でたくさん移動して動く赤ちゃんたちに対しては，ジャンプや立ったり座ったりする動きよりも，手・指遊びのように事象を子どもの目前で示すことのできる①や②の遊びを，保育者が行うことが多くなり，そのため，自然に定着したとも考えられるかもしれません。

　一方，3歳，4歳になると加齢にともなって動きが活発になり，行きたい場所に自由に動けるようになるため，表現あそびにも幅がでてきます。また，数え歌を表現付きで上手に歌い，生活動作の入ったあそびやこれらの両方が組み合わされたものを，自分の好みで選択してあそべる時期にさしかかったことも分類の③や④が増える要因と考えられます。

　このように考えると，"日本の表現あそび"を思い浮かべても，やはり同じような傾向になることに気づくでしょう。たとえば，赤ちゃんから少し大きくなってきた乳幼児に対しては「この指パパ」などを保育者（大人）がうたってみせますが，3歳ぐらいに対しては「げんこつ山のたぬきさん」などを教え，子ども自らが模倣して覚え，友だち同士であそぶことができるようにうながします。

●違う点

　では「違う点」は何でしょうか。

　まずあげられるのは，手あそび・表現遊び中に行われる「動物」の鳴き声とそのまねです。たとえば，日本だと"ブタ"を表現するとき，親指で鼻を押さえて「ブーブー」と言うことが多いでしょう。ところが，アメリカだと「オインク，オインク」と言いながら，ちょこまか動きます。

　ほかにも以下のようなものが例としてあげられます。

表5-3-1 動物の鳴き声表現

動物名	アメリカ		日本
	鳴き声	（表記）	鳴き声
猫	ミヤオーミヤオー	Meow Meow	ニャオ，ニャオ
犬	バウ　ワウ ＊ちょっとゆっくり動く感じ	Bow wow	ワンワン
ニワトリ	コッカドゥードゥー	Cock a Doodle Doo	コケコッコー
アヒル	クワッ　クワッ	Quack Quack	ガーガー
馬	ネイ　ネイ	Neigh Neigh	ヒヒーン

　表現あそびは，発達段階に基づいて複雑化していくという点ではアメリカも日本も同様です。しかし，"ことば"の違いからくる鳴き声や表現が違っているのは，面白い点ですね。

2. イギリス

　イギリスについては，LABANで行われていた「Movement Play」という親子活動での実践事例を基に，活動展開を紹介しましょう。
　この活動は，子どもたちの動きのボキャブラリーを発達させながら，潜在的な能力を高め，自信をもたせ，創造的なダンスによって幼児の空間認識や運動技能を高めることをねらいに行われています。
　活動の前半は「リズム」に合わせて決まった「動き」を一斉指導でくり返し体験し，ゲーム等を交えて遊びます。後半は，自由な雰囲気の中で，多様な題材を親子で即興的に「表現」しながら，さまざまな動きの要素（Laban理論を基にした時間性・空間性・力性など）を体験していくことによって，身体表現の発達を促し，創造性を高めていました。

表5-3-2 「Movement Play」の活動展開例

開始前	フロアに楽器や音の出るおもちゃを丸く並べ，部屋へ入ってきた順に親子で自由に音を出して楽しむ。
導入	指導者を含め，全員が円になって座る。そして，互いに顔を見合わせながら自己紹介をし，音・リズムあそびを楽しむ（歌をうたう，歌に合わせて手遊び，楽器で音を出す，言葉のリズムに合わせて床を打つなど，聴覚にかかわる刺激による活動）。
展開①	多様な運動経験：「トラフィック・ゲーム」 リズムに合わせて歩く・走る・止まる。　　※止まる時には「Good　Shape！」
展開②	**表現テーマ　「ショッピングに行こう！」** ①大きな袋から，いろいろな物を取り出し，ショッピングに行こうと働きかける（導入） ②車に乗って行こう！（時間性：速－遅の体験） ③ショッピングカートを押そう！　親子で合体，動きを工夫（関係性の体験） ④高い棚，低い棚から品物を取ろう！（空間性：高－低の体験） ⑤重くなったパックを持って歩こう！（力性：重さの体験） ⑥家に到着！
クールダウン	静かなクラシック音楽をかけ，保護者が子どもを抱き，床に寝る。 簡単なストレッチで終了。

④ Ⅲ．実践編
弾んで踊ろう
～リズムダンス振り付け素材と作品集～

　幼児向けのリズムダンスの振り付けは，曲想に合わせて，簡単な動きを組み合わせることでできあがります。子どもでもすぐに楽しく踊れる基本的な動きを振り付け素材として集めてみました。これらの素材を組み合わせたり，時間性（速さや回数）や空間性（方向や軌跡）などで変化をつけたりして構成し，オリジナルのダンスを振り付けてみましょう。

　また，これらの振り付け素材の動きを使ったリズムダンスの作品も掲載しました。ぜひ，参考にして，心と体を弾ませながら，楽しく一緒に踊ってください。

指導案 の流れ

1. 導入
2. 心と体をほぐそう
3. 弾んで踊ろう ～リズム～
4. 表現しよう！
5. まとめ

振り付け方法

① 曲想や歌詞から動きをイメージする。
② 曲の構成を確認する。
　　※前奏，Ａメロ，Ｂメロ，サビ，中間奏，後奏など
③ 素材集の中から使用したい動きを選び，８カウントの動きを創作する。
　　※素材集の動きを組み合わせ，時間性（速さや回数）や空間性（方向や軌跡）に変化をつけ，８カウントの動きのバージョンに構成する。
④ Ａメロなど１フレーズは８カウント×４または８で構成されているので，③の動きをくり返したり，組み合わせたりする。
　　※動きが多すぎると子どもは覚えるのが大変です。Ａメロ，Ｂメロ，サビで１～２くらいずつを目安にしましょう。
⑤ ひとつの曲でも曲想に合わせて「元気に」「優しく」など，動きの力性を変える。
⑥ 年中以上を対象とした場合には，前奏や中間奏，後奏などでの隊形変化を考えてみる。
⑦ かかわり（１番はひとりで，２番はふたりで，３番は全員で）などの変化や工夫を加えて１曲を構成する。

　運動会や発表会で，リズムダンスを発表する機会も多いと思いますが，列や動きの右左，みんながそろって踊っているかなどは，問題ではありません。一番重要なことは，子どもたちが生き生きとリズムに乗って楽しく踊れるかどうかです。

　振り付けのコツは，あまり複雑な動きをたくさん入れないことです。素材集の動きなら，同じ動きを４回程くり返すと多くの子どもは動きを真似できます。また，曲のこのフレーズではこの踊りと決まっていると，子どもは安心して，リズムに乗って踊ることができます。

　作品集を参考にしながら，自分で子どもと楽しく踊れるリズムダンスを創作してみましょう！

Ⅲ.実践編　4.弾んで踊ろう

リズム素材集①
歩く・走る・スキップ

対象目安：歩く→走る→スキップ
※年齢や曲の速さで選択しよう！

●基本の動き●
交互に足を上げ下げする。

※移動する時に使えるだけでなく，その場で足踏み，ぐるっと回ってなど，さまざまなバリエーションが考えられる素材です。

ARRANGEMENT
- 手拍子や手のフリをプラスしてみよう！
- 「忍者になって走る」などイメージをプラスしてみよう！

バリエーション例

- その場でぐるっと回る 〔空〕
- カニさん歩き 〔空〕
- ふたり組みで前後に動く 〔空〕〔関〕
- みんなで輪をつくり，曲の速さにあわせて輪を大きくしたり，小さくしたり 〔空〕〔関〕〔時〕

リズム素材集②
ワイパー

対象目安：2歳～
※"バイバイ"の動きから"ワイパー"の動きへ広げていってもOK

●基本の動き●
①腕を折り曲げ，パーに開いた両掌を正面に向ける
②肘を支点にして，両腕をそろえて左右に振る

ARRANGEMENT
- "片手ワイパー"や"横ワイパー"など，バリエーションも応用も幅広く考えられます。いろいろな"ワイパー"を考案してみよう！
- 好きな曲にあわせてワイパーのバリエーションを中心に振り付けを考えてみよう！

バリエーション例

- 頭上で大きく，ゆっくりと 〔空〕〔時〕
- 友だちと一緒に，前進しながら 〔空〕〔関〕
- 横へ移動しながら 〔空〕
- テーブルを拭くように水平ワイパー 〔空〕

リズム素材集③ パンチ！

対象目安 1歳〜

●基本の動き●
片手をグーにして，胸の前から前方へ突き出す

ARRANGEMENT
"横向きパンチ" や "回ってパンチ"，"一緒にパンチ" など方向性や関係性を変えて，バリエーションを増やしてみよう！
（注意）周りにあたらないように注意をうながしましょう

バリエーション例

- 空に向かってパンチ　空
- 下に向かって，クロスパンチ　空
- 両手パンチ　身
- 前方に両手パンチをしたまま，上下に交互に振る　ア

リズム素材集④ ぐるぐる（かいぐり）

対象目安 1歳〜

●基本の動き●
①お腹の前で両手を軽くグーにして，肘をはる
②糸を巻きあげるように，左腕の周りを右腕が，右腕の周りを左腕がまわる

ARRANGEMENT
・曲にあわせて速度や回す方向を変えてみよう！
・"ぐるぐる" しながら横移動など，ほかの動きを加えてみよう！

バリエーション例

- 身体をねじりながら　身
- 友だちと交互に立ったり，しゃがんだり　空関
- ふたりで協力して　空関
- 肩からグルグル大きく腕を回す（速・遅）

III. 実践編　4. 弾んで踊ろう

リズム素材集⑤ グーパー

対象目安　2歳くらい〜

●基本の動き●
① 「ぐー」で両手を胸の前で交差し，縮こまる
② 「ぱぁ！」で両手を上に伸ばす

ARRANGEMENT
手先のみの"グーパー"や足での"グーパー"など，身体部位を変えてバリエーションを考えてみよう！

バリエーション例

・しゃがんで「ぐー」，立ち上がって「ぱぁ！」　ア

・ふたりでくっついて「ぐー」，一緒にひろがって「ぱぁ！」　ア 関

・「ぱぁ！」の状態で掌をふってキラキラ　身

リズム素材集⑥ どうぞ！

対象目安　3歳くらい〜

●基本の動き●
① 片手を胸から前に伸ばして，掌を上に向ける
② その状態を保ったまま，水平に横にひらく

ARRANGEMENT
・片手や両手，ひらく方向や移動で変化をつけてみよう！
・思いを込めて動いてみよう！

バリエーション例

・両手でどうぞ〜　ア 身

・片手をひろげた方向へ一歩，横移動　ア 空

・右腕を下から左側を通って，右ななめ上へ！（ぐるりと225度！）　ア 空

97

リズム素材集⑦
かかとでトンッ

対象目安　3歳くらい〜

●基本の動き●
① 両手を腰につける
② 片足を横に出して、かかとを床にトンッとつける
③ もう一方の軸足は、膝を軽く曲げておく

ARRANGEMENT
・床につける部分を「かかと」から「つま先」にかえると「つま先トンッ」となり、バリエーションが増えます。
・「お姫様になったつもりで」などイメージをプラスしてもよいでしょう。
・「お友だちと一緒に」など関係性を変えてみよう！

バリエーション例

・左右の足を交互に"かかとでトンッ"　ア
・軽く跳びながら、足を交互に前へトンッ　ア 空 
・後ろ側の足で"つま先トンッ"　空 
・友だちと一緒にトンッ　関 

リズム素材集⑧
おしりふりふり

対象目安　1歳くらい〜

●基本の動き●
① 両手を腰につける
② お尻を左右にふる

ARRANGEMENT
・手や腕のふりふりをプラスしてみよう！
・"ふりふり"を大きくしたり、速度を変えたり、友だちと交互ふりふりしたりなど、アクションや関係性、時間性を意識するとバリエーションがひろがりますね。

バリエーション例

・"おしりふりふり"でジャンプ！　ア
・"おしりふりふり"で立ったり、しゃがんだり　空 
・高速ふりふり　時 
・移動ふりふり　空

Ⅲ.実践編　4.弾んで踊ろう

リズム素材集⑨ ジャンプ！

対象目安：2歳くらい〜

●基本の動き●
両足で踏み切って、大きく上に跳ぶ。

※まだ跳べなくても楽しく挑戦でき、その頑張る姿も可愛い素材です。できたかどうかではなく、楽しむことを大切に実践しよう！

ARRANGEMENT
- 片足での"けんけん"もジャンプの一種と考えられます。いろいろなジャンプを考えてみよう！
- 「かえるさんジャンプ」などイメージをプラスしてみよう！

バリエーション例

- 空中でぐるっと回転　ア
- 空中で大の字　ア
- 片足踏み切り"ジャンプ！"　身 ア
- 床から高く"カエルジャンプ"　ア 空

リズム素材集⑩ ぐるっと回ってポーズ！

対象目安：4歳くらい〜
※まだぐるっと回れなくても最後の決めポーズ！

●基本の動き●
① 身体を大きくねじって、一回転をする
② ポーズをとる
※曲の終わりの定番素材です

ARRANGEMENT
- "決めポーズ"はポーズの種類だけでなく、「友だちと一緒に」など関係性でもバリエーションを増やせるよ！
- 回る回数や速度、「ふわりと優雅に」などのイメージを加えるなど、ポーズ以外の部分でもバリエーションを考えてみよう！

バリエーション例

- 子どもが大好き！"座ってポーズ"　ア
- 友だちと一緒に　時 関
- みんなで円になって回り、外側に向かってポーズ！　時 関

99

春にオススメ！

弾んで踊ろう　展開事例①

チューリップ

ゆっくりとした可愛い曲です。可愛いお花になったつもりで，楽しく踊りましょう。

対象年齢	目安	1.5歳	2歳	3歳	4歳
大人と一緒に		♪	♪	♪	♪
先生を見本に		♪	♪	♪	♪
ひとりで			♪	♪	♪
お友だちと					

● 準備するモノ ●
ありません

・・・**振り付け例**・・・　📖 振り付け素材集②⑤を使用 ・・・

チューリップ
作詞：近藤宮子
作曲：井上武士

1．咲いた 咲いた チューリップの花が
　　　Ａ　　Ａ　　　　　Ｂ
　　並んだ 並んだ 赤 白 黄色
　　　Ａ　　Ａ　　　Ｂ
　　どの花 みても きれいだな
　　　Ｃ　　　　Ｄ

2．揺れる 揺れる チューリップの花が
　　　Ａ　　Ａ　　　　　Ｂ
　　風に 揺れて にこにこ 笑う
　　　Ａ　　Ａ　　　Ｂ
　　どの花 みても かわいいな
　　　Ｃ　　　　Ｄ

3．風に 揺れる チューリップの花に
　　　Ａ　　Ａ　　　　　Ｂ
　　とぶよ とぶよ 蝶々が とぶよ
　　　Ａ　　Ａ　　　Ｂ
　　蝶々と 花と あそんでる
　　　Ｃ　　　　Ｄ

A
①身体全体でグ〜　②3拍目でパー！

B
頭上で大きくワイパー

C
1拍ずつ拍手

D
キラキラしながら両手を下げる

ARRANGEMENT

・座ってやってみよう！
　座った状態で，手遊びとして楽しんでみましょう。
・協力して表現してみよう！
　親子や友だち同士など，向かい合ってひとつの花を表現しながら踊っても楽しいでしょう。
・変身してみよう！
　チューリップの種に変身して，花の成長を表現（種→芽→茎→つぼみ→開花→枯れる）してみるのもよいでしょう。また，ちょうちょ役とチューリップ役に分かれて，蜜を吸う場面を表しても楽しいです。

●保育へのつながり

・園庭のチューリップを観察に行くなど，園外保育につなげる。
・チューリップをよく見たり，匂いを感じたり，本物に触れる体験につなげる。
・絵を描いたり，折り紙でおるなど，チューリップのイメージをさまざまな方法で表現する。

雨の季節に
オススメ！

弾んで踊ろう　展開事例②

かたつむり

この曲をうたえば，すぐにカタツムリに変身でき，年齢を問わず楽しめる，子どもたちも大好きな曲です。ゆっくり〜速いカタツムリまで，テンポを変えて，いろいろなカタツムリのお散歩を楽しみましょう。

対象年齢 目安	2歳	3歳	4歳	5歳
大人と一緒に	♪	♪	♪	♪
先生を見本に		♪	♪	♪
ひとりで			♪	♪
お友だちと				♪

● 準備するモノ ●

ありません

・・・　振り付け例　・・・　📖 振り付け素材集①⑤を使用　・・・・・・・・・・

かたつむり
作詞：文部省唱歌
作曲：文部省唱歌

1. でんでんむしむし　　かたつむり
   　　　　　Ⓐ
   おまえのあたまは　どこにある
   　　　　　Ⓐ
   角だせ　槍だせ　あたま出せ
   　Ⓑ　　　Ⓑ　　　Ⓑ

2. でんでんむしむし　　かたつむり
   　　　　　Ⓐ
   おまえのめだまは　どこにある
   　　　　　Ⓐ
   角だせ　槍だせ　めだま出せ
   　Ⓑ　　　Ⓑ　　　Ⓒ

A 人差し指を立てて頭の上に角のようにしたまま歩き回る

B 3拍目で角にみたてた指を頭上に突き出す

C ①手でめがねをつくる　②3拍目で人差し指を立てて頭上に突き出す

ARRANGEMENT

・移動方法を変えてみよう！
　歩く（Ⓐ）部分を「しゃがんで移動」に変えるとカタツムリのイメージが膨らむだけでなく，足により力が必要なむずかしい動作になりますので，運動効果もより期待できるでしょう。ほかにも「はいはいで移動」「ずりばいで移動」などさまざまなカタツムリを表現してみましょう。

・協力して表現してみよう！
　親子や友だち同士など，協力して一匹のカタツムリを表現しても楽しいでしょう。

・イメージして遊ぼう！
　「鳥さんが来たので，お家に隠れよう」などカタツムリの表現あそびに展開していきましょう。

● 保育へのつながり

・カタツムリを図鑑で調べたり，実際に見て観察するなど，カタツムリへの興味・関心をひろげる。

・カタツムリのお面を作り，お面をつけて表現するとなりきり度もアップし，より楽しめる（工作＋リズム）。

雨の季節に
オススメ！

弾んで踊ろう　展開事例③

かえるの がっしょう

対象年齢 目安	2歳	3歳	4歳	5歳
大人と一緒に	♪	♪	♪	♪
先生を見本に	♪	♪	♪	♪
ひとりで	/	♪	♪	♪
お友だちと	/	/	♪	♪

● 準備するモノ ●

ありません

雨が大好きな生き物，かえるさんが登場する楽しい曲です。雨の季節はもちろん，かえるを見るとつい口ずさんでしまいます。元気なかえるに変身して雨ならではの季節を楽しみましょう。

・・・ 振り付け例 ・・・　　📖 振り付け素材集①⑨を使用 ・・・・・・・・・

かえるになりきって，曲にあわせて「かえるジャンプ」で移動したり(A)，その場でジャンプ(B)をしたりしてみましょう。

かえるのがっしょう
岡本 敏明（訳）
ドイツ曲

1. かえるのうたが
   きこえてくるよ　A
   クワクワクワクワ

   ケケケケ　ケケケケ　B
   クワクワクワ

A: かえるジャンプで移動
B: かえるポーズでジャンプ！

ARRANGEMENT

・ピアノに合わせてアレンジ
　曲に合わせて，動きをゆっくりしたり，速くしたり，音楽が止まったら一緒にストップしたりなど，動いてみましょう。
・最後のジャンプをアレンジ
　遠くに跳んだり，高く跳んだりと跳び方にもいろいろあります。
・移動を楽しもう！
　目標物まで移動し，そのものにタッチしたり，かえる泳ぎで移動したりなど，移動方法もアレンジしていきましょう。
・かえるになりきろう！
　かえるの手や足はどんな形をしているでしょうか。5本指をしっかり開いた手の表現や足の屈曲，跳び方，かえるらしい動きを工夫しましょう。
・ゲームへ展開しよう！
　うたい終わって，①葉っぱや池に見立てたフープに入る，②いわれた人数で集まる，③へびが出て来たらマットの池に帰る鬼ごっこなど，ゲームに展開すると楽しいでしょう。

● 保育へのつながり

・かえるといっても，「ニホンアマガエル」「ヒキガエル」「ウシガエル」など，姿や大きさ，鳴き声もいろいろ。図鑑や絵本で調べてみる。
・卵→おたまじゃくし→かえると変化するかえる。その成長過程にも目を向ける。
・雨の季節は嫌いという子どもも多いが，雨が大好きなかえるの存在を通して，雨が生き物や植物の育ちになくてはならないものであること，長い雨の季節が終わると次の季節がやってくることを伝え，自然や季節の移ろいについて子どもたちと考える。

夏にオススメ！

弾んで踊ろう　展開事例④

うみ

対象年齢 目安	2歳	3歳	4歳	5歳
大人と一緒に	♪	♪	♪	♪
先生を見本に	♪	♪	♪	♪
ひとりで	/	/	♪	♪
お友だちと	/	/	♪	♪

● 準備するモノ ●

ありません

海が大好きな子ども，海に行ったことがない子ども，海についての経験やイメージは，子どもそれぞれです。しかし，この歌をうたえば，誰もが広大な海や寄せては返す波のようすを味わうことができます。
海の向こうは，何があるのかな？　そんな思いも大切にしながら，ゆったりとしたリズムを感じていきましょう。

振り付け例

振り付け素材集①⑥を使用

うみ

作詞：林柳波
作曲：井上武士

1. 海は広いな　大きいな
   　　　　A
   月がのぼるし　日が沈む
   　　B　　　　　C

2. 海は大波　青い波
   　　　A
   ゆれてどこまで　続くやら
   　　B　　　　　　C

3. 海にお舟を浮かばして
   　　　　A
   行ってみたいな　よその国
   　　B　　　　　　C

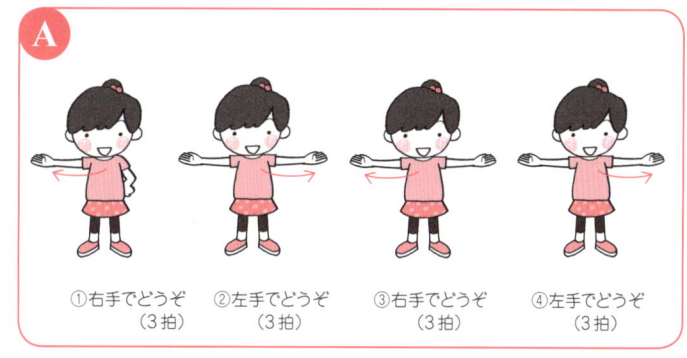

A
①右手でどうぞ（3拍）
②左手でどうぞ（3拍）
③右手でどうぞ（3拍）
④左手でどうぞ（3拍）

B 前へ移動

C 後へ移動

ARRANGEMENT

・円でやってみよう！
　手をつないで円になり，真ん中に「集まる」「離れる」を波のイメージで行っていきましょう。
・イメージであそぼう！
　曲から得た「寄せては返す」波のイメージを大切に，「ザブーン」と波立つようすを表現してあそんでみましょう。また，「お船に乗ろう！」とマットやフープなどの用具を船に見立てたあそびに展開するのも楽しいです。
・変身してみよう！
　魚やイルカ，タコやカニなど海の生物に変身して楽しみましょう。

●保育へのつながり

・海のイメージがふくらむような絵本や紙芝居を読む。
・魚釣りゲームや魚が出てくる鬼ごっこなど，魚関係のあそびを楽しむ。
・絵の具などで海を描く。

秋にオススメ！

弾んで踊ろう　展開事例⑤

どんぐり ころころ

どんぐりをみつけると，思わずうたいたくなる，秋らしい1曲です。どんぐりがコロコロ転がるイメージやリズムを大切にしながら，歌に登場するどんぐりやどじょうになりきって，踊りましょう。

対象年齢 目安	2歳	3歳	4歳	5歳
大人と一緒に	♪	♪	♪	♪
先生を見本に		♪	♪	♪
ひとりで			♪	♪
お友だちと				♪

● 準備するモノ ●
ありません

振り付け例　　振り付け素材集①④⑧を使用

どんぐりころころ（童謡・唱歌）
作詞：青木存義
作曲：梁田貞

1. どんぐりころころ　どんぶりこ
   　　　　　A
   おいけにはまって　さあたいへん
   　　B
   どじょうがでてきて　こんにちは
   　　　　　C
   ぼっちゃん一緒に　遊びましょう
   　　　　　D

2. どんぐりころころ　よろこんで
   　　　　　A
   しばらく一緒に　遊んだが
   　　　　B
   やっぱりおやまが　こいしいと
   　　　　　C
   ないてはどじょうを　こまらせた
   　　　　　　E

A かいぐりをしながら，しゃがんだり，立ったりをくり返す

B 手拍子をしながら足踏み

C 手を顔の前で合わせ，ドジョウのイメージでニョロニョロ

D 片手ずつ胸の前にもっていってクロスさせ（4拍），そのままのポーズで左右に揺れる（4拍）

E 泣きべそポーズをし（4拍），そのまま左右に揺れる（4拍）

ARRANGEMENT

・ペアで踊ってみよう！
　2人組で向き合って踊っても楽しいでしょう。
・年齢に合わせて，応用を加えてみよう！
　例）①「どん」のところで，手やお尻同士をぶつけ合う。
　　　②うたい終わったところでジャンケンを入れる。
　　　③ジャンケンで，負けた方が5回転ゴロゴロする。
　　　④ジャンケンで勝った方が手をつないで池を作り，負けた方はどんぐり役になってその池から脱出する。

● 保育へのつながり

・園外へどんぐりを探しに出かける。
・見つけたどんぐりや木の実を使って，どんぐりごま，やじろべえなどを作り，制作あそびを楽しむ。
・図鑑や絵本で，どんぐりや落ち葉を調べる。

冬にオススメ！

弾んで踊ろう　展開事例⑥

ゆき

雪が降ると口ずさみたくなる曲です。この歌詞に登場する犬や猫は，子どもたちの大好きな動物です。その動物になりきって，表現してみましょう。

対象年齢 目安	2歳	3歳	4歳	5歳
大人と一緒に	♪	♪	♪	♪
先生を見本に		♪	♪	♪
ひとりで			♪	♪
お友だちと			♪	♪

● 準備するモノ ●

ありません

振り付け例

振り付け素材集①⑨を使用

ゆき（童謡・唱歌）

作詞：不詳
作曲：不詳

1. 雪やこんこ　霰やこんこ
   降っては降っては
   ずんずん積る　── A

   山も野原も　綿帽子かぶり
   枯木残らず　花が咲く　── B

2. 雪やこんこ　霰やこんこ
   降っても降っても
   まだ降りやまぬ　── A

   犬は喜び　庭駆けまわり
   猫はこたつで丸くなる　── B

A スキップしながら自由に歩きまわる

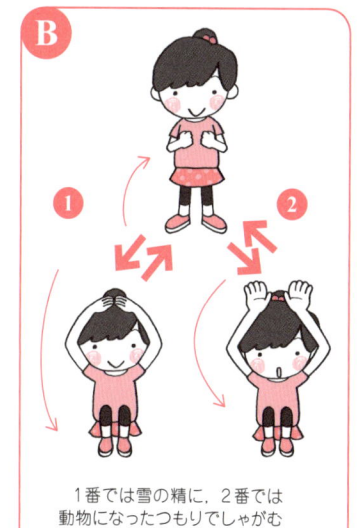

B 1番では雪の精に，2番では動物になったつもりでしゃがむ（4回）

ARRANGEMENT

・イメージをしながら表現してみよう！
　①手をキラキラさせて雪を表現したり，空から落ちてくる雪のイメージを表したり，雪原を自由に走り回るイメージでスキップしたりなど，歌詞の世界を大切にして表現してみましょう。
　② **B** の部分は，1番では雪を，2番では犬や猫をイメージして表現してみましょう。
・「ゆきやこんこ」をゲームにつなげてみよう！
　たとえば・・・先生が歌の終わりにお題を言って，それを表すというゲームはどうでしょう。
　①「猫」と言ったら2人組で「猫」と「こたつ」になり，
　②「犬」と言ったら「犬」になりきって駆け回り，
　③「かまくら」と言ったら3人組で円になって「かまくら」をつくる，などです。
　さらに
　④「雪女」と言ったら鬼ごっこに展開するなどしたら，あそびに広がっていくでしょう。

●保育へのつながり

・雪をイメージしよう！
　絵本や紙芝居を使って，雪のイメージを楽しむ。
・実際の雪に触れてみよう！
　雪が降る地域では，実際に雪に触れたり，雪あそびをする。雪が降らない地域は「新聞びりびりあそび」で雪に見立ててあそぶ。
・雪の結晶はどんな形をしているかな？

リズムにのって，イメージを拡げよう！

弾んで踊ろう　展開事例⑦

いたずラッコ

対象年齢 目安	2歳	3歳	4歳	5歳
大人と一緒に	♪	♪	♪	♪
先生を見本に	♪	♪	♪	♪
ひとりで				♪
お友だちと			♪	♪

● 準備するモノ ●
ありません

ラッコのようすを思い描きながら，快活に，可愛らしく，そして，ダイナミックに踊りましょう。

振り付け例

いたずラッコ
作詞・作曲：須田 あきら

*サビ
- ラッコ ラッコ ララ ラッコ　Ⓐ
- ラッコ ラララ ラッコ　Ⓐ
- ラッコ 笑ってラッコ　Ⓑ
- いたずラッコ

*1番
- ラッコは いいな いつも遊んでる　Ⓒ
- 少し気どって エヘヘヘヘン　Ⓒ
- 学校もなけりゃ　塾もない　Ⓓ
- ぼくらを見つめ　手をふる　Ⓔ

*サビ2（サビ振り付けと同じ）
*2番（1番の振り付けと同じ）
*サビ3（サビ振り付けと同じ）
*3番（1番の振り付けと同じ）
*サビ（サビ振り付けと同じ）

- ラッコ 笑ってラッコ　Ⓑ
- いたずラッコ

Ⓐ ♪ラッコ ラッコ ララ／♪ラッコ
① 両手を胸の前でグーにして，両膝をやや曲げてまわる（4拍）
③ 両手を頭の上でひろげる（2拍）
② 頭上で手を2回合わせる（2拍）　トントン

Ⓑ ♪ラッコ笑ってラッコ 
① 両膝を深く曲げたままで回る（7拍）

② 7, 8拍目は止まって，体全体でグー
♪いたずらラッ 
③ 体全体でパー
♪コ〜 
④ 上体を右に引っ張る 
♪〜
⑤ 上体を左に引っ張る

Ⅲ.実践編　4.弾んで踊ろう

C

♪ラッコは

①右斜め前に進み，グーの手を胸の前で2回カチカチと合わせ(2拍)，左足を引き寄せて足を揃える(2拍)

♪いいな　いつも

②左斜め前に進み，グーの手を胸の前で2回カチカチと合わせ(2拍)，右足を引き寄せて足を揃える(2拍)

♪あそんでる

③右足から後ろに進み，左足はかかとトンッ。右手は開いて口元に。2拍毎に左右を交互に2回くり返す[(2拍＋2拍)×2セット]

D

♪学校も

①右を向き，右足から弾むように4歩走る(4拍)

♪なけりゃ

②右を向いたまま，右足から弾むように4歩さがる(4拍)

♪塾もな

③左を向き，そのまま右足から弾むように4歩走る(4拍)

♪い～

④左を向いたまま，右足から弾むように4歩さがる(4拍)

E

♪ぼくらを見つめ　手を

①横泳ぎをするように，右足を右横に大きく出し，両腕も左右に大きくひらく(2拍)。右足に左足を引き寄せ，手を胸の前へ戻す(2拍)。これを2セット

♪ふる～

②横泳ぎをするように，左足を左横に大きく出し，両腕も左右に大きくひらく(2拍)。左足に右足を引き寄せ，手を胸の前へ戻す(2拍)。これを2セット

Point

● 楽しく踊るポイント

- 前奏，間奏では，リズムに合わせて走ってみるとよいでしょう。
- リズムを感じとりながら，水中での生活の心地よさをイメージして踊ると楽しいですよ。
- ラストのポーズも素材集⑤「グーパー」をつかって，かっこよく，ダイナミックに踊ってみてもよいでしょう。
- 水の中をぐるんと深く潜って泳ぐラッコのダイナミックさと，水の上にのんびりと浮いて，トントン貝を割って食べるようすを思い浮かべながら体いっぱい踊りましょう。

軽やかにリズムにのろう♪

弾んで踊ろう　展開事例⑧

ルージュの伝言

対象年齢 目安	2歳	3歳	4歳	5歳
大人と一緒に	/	/	/	♪
先生を見本に	/	/	/	♪
ひとりで	/	/	/	♪
お友だちと	/	/	/	♪

　ノリやすいリズムの曲ですので，リズムに乗って弾む楽しさを味わえます。子どもたちに合わせて，体の動きや移動を変化させつつ，体からわきあがる動きを大切に，楽しんで踊ってみてください。
　色鮮やかなポンポンなどを持って踊ると華やかなだけでなく，「ポーンと投げる」などの動きも加えられるので表現の幅もひろがり，オススメです。

● 準備するモノ ●

＜オススメ＞
・色鮮やかなスカーフや風船，ポンポンを持って踊っても楽しいでしょう

振り付け例

ルージュの伝言
作詞・作曲：松任谷 由実

＊前奏

＊Aメロ
- あのひとの ママに会うために　A
- 今ひとり 列車に乗ったの　A
- たそがれせまる 街並や車の流れ　B
- 横目で追い越して　C

＊Aメロ②（Aメロと同じ振り付け）

＊Bメロ
- 不安な気持ちを 残したまま
- 街は Ding-Dong 遠ざかってゆくわ　D

- 明日の朝 ママから電話で　A
- しかってもらうわ My Darling!　C

＊間奏

＊Aメロ③（Aメロと同じ振り付け）
＊Bメロ②（Bメロと同じ振り付け）
＊サビ②（サビと同じ振り付け）

しかってもらうわ My Darling!

＊後奏

＊注意：振り付け（動き）には，参考までに初出の際の歌詞のみ表示しております。ご了承下さい。

前奏・後奏

かかとでトンッ

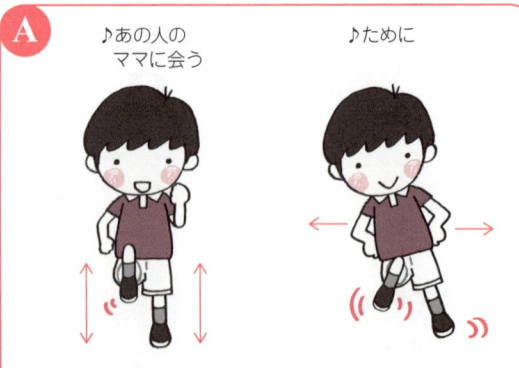

A

♪あの人のママに会う　　♪ために

①リズムに合わせて手を前後に振りつつ，足ぶみ（8拍）

②左右ステップを4回(8拍)

最後のくり返しは，振り付けCできめよう！

Ⅲ.実践編　4.弾んで踊ろう

B

♪たそがれせまる　街並み　　　　♪や　車の流れ

①しゃがんだ状態から，かいぐりをしつつ，立ち上がる（8拍）

②ジャンプをしながら，「上パンチ！」「下パンチ！」を2セット（8拍）

ARRANGEMENT

● 風船などを持っている場合には，「かいぐり」を「大きく手を回転させる」にしたり，も「パンチ」を「大きくワイパー」にチェンジしたりすると華やかでしょう。

C

♪横目で　　　　♪追い　　　　♪越し　　　　♪て〜

①腰に手をあてて，ぐるりとまわる（4拍）

②体全体を縮めてグーポーズ（2拍）

③ジャンプをしながら，パー！（2拍）

④好きなポーズできめる！（4拍）

D

♪不安な気持ちを残したまま　　　　♪街はDing Dong　　　　♪遠ざかっていくわ

①片手を目にかざして探しポーズ（16拍）

②両手をあげて，パーポーズ（8拍）

③両手を胸前でクロスさせて足踏み（後方へ下がるでもよい）（8拍）

※ポンポンや風船を持っている場合には，ここでポーンッと投げても楽しいでしょう。

間奏

①手に腰につけて，お尻ふりふり（16拍）

②体全体を縮めてグーポーズ（8拍）

③好きなポーズできめる！（4拍）

④その場でジャンプ！（4拍）

109

歌って踊ろう！

弾んで踊ろう　展開事例⑨

夢をかなえてドラえもん

ちょっとゆっくりめの曲です。かけ足よりもスキップの方が合いそうな曲ですので，間奏などは自由にスキップをしてみるのもいいですね。

対象年齢	目安	2歳	3歳	4歳	5歳
大人と一緒に		/	♪	♪	♪
先生を見本に		/	♪	♪	♪
ひとりで		/	/	♪	♪
お友だちと		/	/	/	♪

● 準備するモノ ●

ありません

振り付け例

夢をかなえてドラえもん

作詞・作曲：黒須克彦

1番
- 心の中　いつも　いつも　えがいてる　（えがいてる） —A
- 夢をのせた自分だけの世界地図　（タケコプタ〜） —A
- 空を飛んで時間を越えて　遠い国でも —B
- ドアをあけてほら行きたいよ　今すぐ（どこでもドア〜） —B
- 大人になったら忘れちゃうのかな？ —C
- そんな時には思い出してみよう

サビ
- Shalalalala　僕の心に　いつまでもかがやく夢 —D
- ドラえもん　そのポケットで　かなえさせてね —D
- Shalalalala　歌をうたおう　みんなでさあ手をつないで —D
- ドラえもん　世界中に　夢を　そうあふれさせて —D —E

*間奏（前奏と同じ振りつけ）
*2番（1番と同じ振りつけ）
*サビ2（サビと同じ振りつけ）
*間奏（前奏と同じ振りつけ）

- 大人になっても　きっと忘れない —C
- 大切な思い　いつまでもずっと

*サビ

自由にスキップをしてもいいですね！

前奏・間奏
リズムにあわせて，腕を前後に振りながら足踏み（16拍）

A　♪心の
①右手ワイパーをしつつ，右足でかかとトンッ（2拍）

♪なか
②両手を腰にして，足も戻す（2拍）

♪いつも
③左手ワイパーをしつつ，左足でかかとトンッ（2拍）

♪いつも
④両手を腰にして，足も戻す（2拍）

♪えがいてる（えがいてる）
⑤大きく左右に重心を移動しながら，両手で大きくワイパーを4回（8拍）

Ⅲ. 実践編　4. 弾んで踊ろう

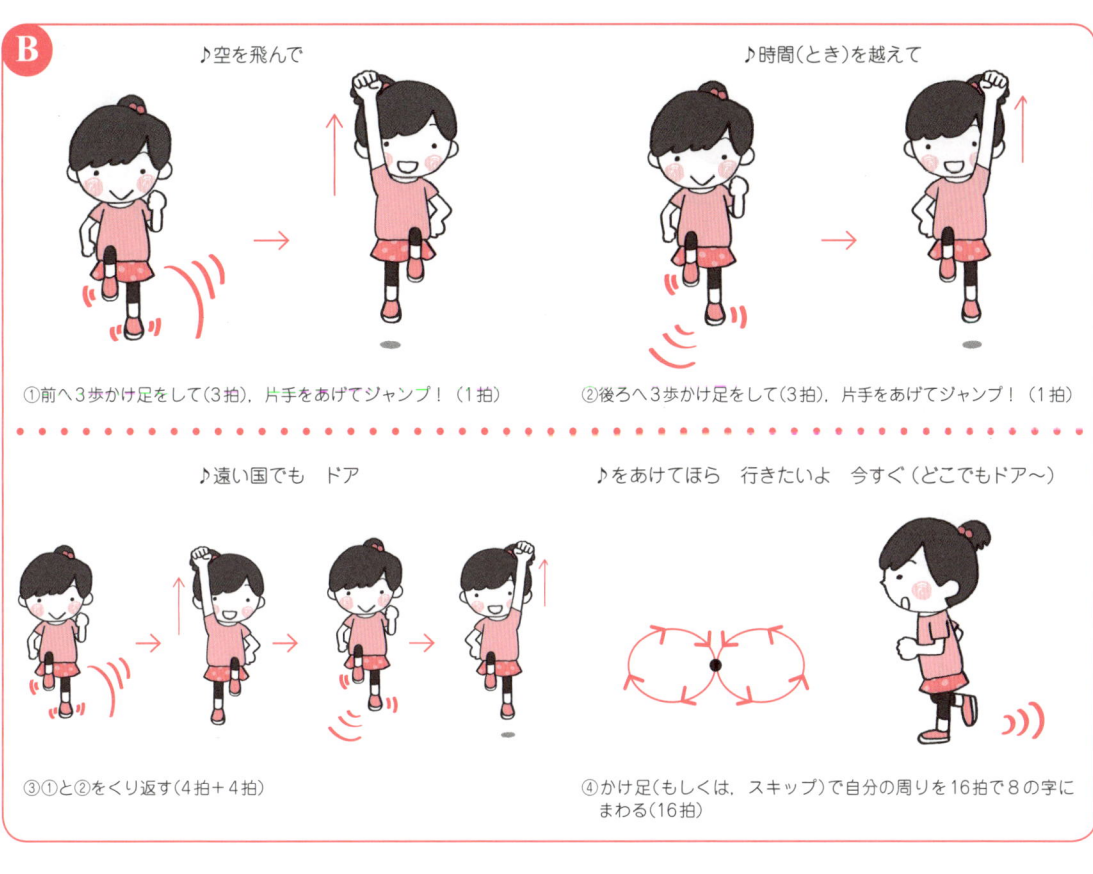

B

♪空を飛んで
① 前へ3歩かけ足をして（3拍），片手をあげてジャンプ！（1拍）

♪時間（とき）を越えて
② 後ろへ3歩かけ足をして（3拍），片手をあげてジャンプ！（1拍）

♪遠い国でも　ドア
③ ①と②をくり返す（4拍＋4拍）

♪をあけてほら　行きたいよ　今すぐ（どこでもドア～）
④ かけ足（もしくは，スキップ）で自分の周りを16拍で8の字にまわる（16拍）

C

♪おと
① 片手を胸に（2拍）

♪なに
② もう片方の手も胸に（2拍）

♪なったら
③ 膝を曲げて，左右にゆれる（4拍）

♪忘れ
④ 右手を胸から右側へひらいて，手のひらを上に向ける（2拍）

♪ちゃう
⑤ 左手も胸から左側へひらき，手のひらを上に向ける（2拍）

♪のかな？
⑥ 膝を軽く曲げて，首を左右にたおす（4拍）

♪そんなときには
⑦ 両手を内側から大きく回して，頭上でパー（4拍）。これを2回くり返す

♪思い出してみよう
⑧ 手を頭上でパーにしたまま，ぐるりと1周自転する（8拍）

111

D

♪Shalalalala 僕の 
① 腰を左右にふりつつ，パーにした手をキラキラさせながら下から上へ（4拍）

♪心に 
② 両手をキラキラしながら下へ（4拍）

♪いつまでもかがやく夢 
③ 左右に揺れながら，大きく両腕をそろえて前後に振る（8拍）

♪ドラえも 
④ 右手で右斜め上へパンチをしつつ，右足を横にだす（2拍）

♪ん その 
⑤ 左手で左斜め上へパンチをしつつ，左足も横にだす（2拍）

♪ポケット 
⑥ 膝を曲げて，両手をお腹にあててしゃがみ，体全体でグー（2拍）

♪で かな 
⑦ 体全体でパー（2拍）

♪えさせてね～ 
⑧ 大きく左右に重心を移動しながら，両手で大きくワイパーを4回（8拍）

E

♪て～ 
① リズムに合わせて腕を振りながら自転する（4拍）

② 好きなポーズをきめる（4拍）

ARRANGEMENT

この振り付けをベースにして，アレンジをしてみましょう。
たとえば，こんな応用展開はどうでしょう？

- A 部分の「ワイパー」をチェンジ
  例：自分を指さしにチェンジ／両手を耳に／両手を頭上でパー
- B 部分の「8の字に歩く」をアレンジ
  例：両手を広げて，飛んでいるイメージで／ふたりで手をつないで／
  　　しゃがんで手拍子をする人と，そのまわりを歩く人に分かれて動く

自分流にカスタマイズしてみましょう！

● コラム ●　　　　リズムダンスの曲選び

　行事や発表会などのダンスの曲目は，流行りの曲をなんとなく使うのではなく，シーンや子どもの年齢，活動場面に応じて選びたいものです。
　ここでは，そんな選曲のポイントをいくつか考えてみましょう。

1．曲を使用する場面に応じて選曲をしよう！
1）運動会や発表会などの場合
　1曲の中にさまざまなドラマ（盛りあがるところ，静かなところなど）がある構成の曲や，テンポがはっきりしている曲を選ぶとよいでしょう。また，覚えやすく，なじみやすい曲もおすすめです。
　例）「あおいそらに絵を描こう」「にんじゃりばんばん」「チキチキバンバン」「崖の上のポニョ」
　　　「鉄腕アトム」「風になりたい」

2）日常の保育の場合
　短めで何度もくり返しのある曲を選ぶとよいでしょう。子どもたちがすぐに覚えられる面白い曲もおすすめです。
　例）「おしりかじり虫」「尻取 Rock'n Roll」「トトトのうた」
　　　「し，し，しのびあし」「ひっつきもっつき」「くるくるくるっ」

2．曲のテンポやスピードに着目して選曲をしよう！
1）比較的ゆったりしたリズム
　低年齢児，あるいは動きをじっくり楽しみたいときにおすすめです。
　例）「南の島のハメハメハ大王」「マンボでぞうさん」「WA になっておどろう」
　　　「動物園へ行こう」「すいかの名産地」「のび太くん0点」

2）行進などに適した一定のリズム
　運動会の入退場，全員でのダンス，パラパルーン作品などの際におすすめです。
　例）「さんぽ」「イッツアスモールワールド」「世界中のこどもたちが」
　　　「ミッキーマウスマーチ」「おどるポンポコリン」「ぼくコッシー」

3）少し速いリズム
　運動量を多く確保したいときや，リズムを楽しみたいときにおすすめです。
　例）「ぐいーん・ぱっ！」「ラリルレロボット」「トモダチのわお！」「フンフンフンコロガシ」
　　　「ゆかいなまきば」「ドレミファだいじょーぶ」

3．曲の構成に着目して選曲をしよう！
1）シンプルで単純な構成の曲
　低年齢児，大人数を対象とする際におすすめです。
　例）「ダンゴムシたいそう」「しゅりけんにんじゃ」

2）やや複雑な構成の曲
　年長児を対象とする場合や，難易度の高い内容に挑戦したいときにおすすめです。
　例）「あおいそらに絵を描こう」「ブンバボン」

参考CD：「かぞくみんなのファミリーソング　ふぁみそん」
参考図書：「あそび＆ダンス＆卒園のうた26　だんごむしたいそう」学研教育出版

元気いっぱい！楽しいダンス

弾んで踊ろう　展開事例⑩

GO-GO たまごっち！

対象年齢 目安	2歳	3歳	4歳	5歳
大人と一緒に	♪	♪	♪	♪
先生を見本に	♪	♪	♪	♪
ひとりで	/	♪	♪	♪
お友だちと	/	/	♪	♪

● 準備するモノ ●
ありません

ジャンプが楽しいリズムダンスです。
途中では，たまごやヒヨコ，ニワトリに大変身！
お友だちと挨拶を交わして，一緒に楽しんで踊りましょう。

振り付け例

＊注意：振りつけ（動き）には，参考までに初出の際の歌詞のみ表示しております。ご了承下さい。

GO-GO たまごっち！

作詞：マイクスギヤマ／作曲：鈴木盛広

＊前奏
- いっせーの！ **A**
- たまご　たまご　たまごっち **B**
- すなわち　トモダチ **C**
- たまご　たまご　たまごっち **B**
- ピッチリ　バッチリ　ベリマッチ **D**
- たまご　たまご　たまごっち **B**
- まいにち　ダイキチ **E**
- たまご　たまご　たまごっち **B**
- たまご　たまご　たまごっち **B**
- レディ GO!　ハシャ GO! **F**
- たまごっち！（Yeah） **G**

＊間奏（足踏み）

＊1番
- まいにちボクら　星をまわすよ
- クルクル　たまノリみたい **H**
- まいにちボクら　夢を歌うよ
- あしたへの手紙みたいだね **I**
- 凹んだときこそ　ひとりじゃないこと
- 見つけるチャンス **J**
- 超 Lucky ☆ Lucky　たまともがいる **K**

＊サビ
＊間奏（※ペアで踊るときには，ここで向き合いましょう！）

＊2番（1番と同じ振りつけ）

＊サビ2（サビと同じ振りつけ）

＊間奏2
（※ **L** **M** の動きを8拍ずつ交互に行う）

- 生きてるってことは
- 泣いちゃったあとの
- 笑顔さがしさ **J**
- 見つけよう　たまとも　一緒に **K**

＊サビ

＊サビ2（サビと同じ振りつけ）

- たまごっち！ **N**

前奏

リズムに合わせて曲げた肘を前後に動かす（16拍）

A
♪いっせーの！

3拍目のかけ声に合わせて肘を大きく後方に引いて4拍目で戻す（4拍）

B
♪たまご　たまご　たまごっち

左右に軽く両足ジャンプをしながら，手をぐるぐる（4拍）

114

Ⅲ. 実践編　4. 弾んで踊ろう

C ♪すなわち　トモダチ
両手で頭上に大きな丸をつくり, 左右に揺れる(卵をイメージ／4拍)

D ♪ピッチリ　バッチリ　ペリマッチ
右手でクチバシを, 左手で尾をつくり, 拍に合わせて体を上下させながら手も前後に動かす(ヒヨコをイメージ／4拍)

E ♪まいにち　ダイキチ
両手をひろげ, 翼のように大きく上下に動かす(ニワトリをイメージ／4拍)

F ♪レディGO！／♪ハシャGO！
①誰かを指さす(2拍)
②親指で自分を指さしつつ, 右足でかかとトンッ(2拍)

G ♪たまごっち！／♪(Yeah)
①中腰になって, 手をぐるぐる(かいぐり／3拍)
②かけ声に合わせて, 両手を上にあげ, 右側にそりつつジャンプ！(1拍)

H ♪まいにちボクら／♪星をまわすよ／♪クルクル　たまノリみたい
①右へワイパーをしながら右へ2歩(4拍)
②左へワイパーをしながら左へ2歩(4拍)
③①②をもう1セットくり返す(8拍)

I ♪まいにちボクら／♪夢を歌うよ／♪あしたへの手紙／♪みたいだ
①「かいぐり」をしながら右から左へ体をねじり, 4拍目に顔の横で手をたたく(4拍)
②「かいぐり」をしながら左から右へ体をねじり, 4拍目に顔の横で手をたたく(4拍)
③前に4歩進んで, 右手で上パンチ(4拍)
④後ろに4歩さがって, しゃがむ(4拍)

115

J

♪ね〜 凹ん　　　　♪だときこそ　　　　♪〜 ひとり

① しゃがんだまま，右手で斜め上にぐるりと255°のどうぞ（4拍）
② 右手をあげたまま，左手も斜め上にぐるりと255°のどうぞ（4拍）
③ 両手をさげて，今度は同時に両手で斜め上へぐるりと255°のどうぞをしながら立ち上がる（4拍）

♪じゃないこ　　　　♪と〜 見つける　　　　♪チャンス 超

④ 両手をさげて，右手で斜め上にぐるりと255°のどうぞ（4拍）
⑤ 右手をあげたまま，左手も斜め上にぐるりと255°のどうぞ（4拍）
⑥ 両手をさげて，今度は同時に両手で斜め上へぐるりと255°のどうぞ（4拍）

ARRANGEMENT ①
2人組で交互にやってみてもOK

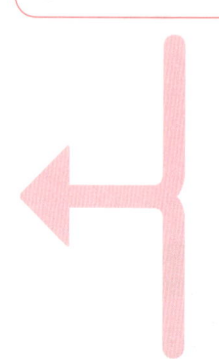

ARRANGEMENT ②
ヒヨコやニワトリに変身して歩きまわり，お友だちと挨拶をしても楽しいよ

K

♪Lucky ☆ Lucky たまとも　　　　♪がいる〜

① 両手を上にあげたまま，右回りで1周まわる（8拍）
② 両手を上にあげたまま，左回りで1周まわる（8拍）

L

C D E の中で好きなポーズを選び，変身して歩き回る（8拍）

M

手を目の上にかざして，きょろきょろタマゴを探す（8拍）

N

♪たまご　　　　♪っち！

① 中腰になって，手をぐるぐる（かいぐり／2拍）
② 思いっきりジャンプ！

▲ヒヨコになってルンルンお散歩♪

コラム　リズムダンスの隊形 1

　リズムダンスは，運動会や生活発表会などで発表する機会が多くあります。踊って楽しむだけではなく，発表することも念頭において，隊形を工夫してはいかがでしょうか。

　隊形は，縦列，横列，円，三角，放射状など，いろいろな形を作ることができます。同じ動きでも，列ごとに順番に行ったり，群として集まって動いたりすることで，印象が変わり，動きに迫力や躍動感，まとまりを生み出します。また，年長児になると，隊形から隊形への移動も見どころのひとつとなり，みんなでひとつの作品として練習し，創りあげ，見せることは達成感にもつながります。しかし，隊形移動の練習ばかりでは，心を弾ませて踊る楽しさは味わえません。

　子どもたちの心理的負担のない範囲で，隊形の種類や練習方法などを考えていきましょう。

● 隊形の種類

隊形には次のようなものが考えられます。

表 3-4-1　隊形の種類

形	種類
列	縦列／横列／十字架／クロス
円	内向き（友だちが見え，安心）／外向き（アピール，撮影しやすい）／円周上（反時計周り）（盆踊り・フォークダンス）／二重円／複数の小円（多人数による）
半円	観客に対し，お椀形／観客に対し，山形
その他	方形／三角／真ん中に集まる／斜め列／自由隊形（好きな場所にばらばら）

J-POPで弾んで踊ろう！

弾んで踊ろう　展開事例⑪

ありがとう (SMAP)

対象年齢　目安	2歳	3歳	4歳	5歳
大人と一緒に			♪	♪
先生を見本に			♪	♪
ひとりで				♪
お友だちと				♪

SMAPの40作目となるシングル「ありがとう」は，速すぎず，遅すぎず，比較的リズムに乗りやすい曲です。手作りの道具（キラキラペット）を使って，楽しく，弾んで踊ってみましょう。

● 準備するモノ ●

<必須>
・キラキラペット（以降，ペット）
※「身近な物(p.77)」参照

振り付け例

＊注意：振り付け（動き）には，参考までに初出の際の歌詞のみ表示しております。ご了承下さい。

ありがとう　　作詞・作曲：MORISHINS'

＊前奏

＊1番
- どうしようもない　いつもしょうもない —A
- 事ばかりで盛り上がって —A
- そんな僕らも大人になって —B　B
- どんなときも僕に勇気をくれるみんなが僕の言う希望 —A
- 大切だから最高仲間 —B　B
- 泣かせてきた人も沢山　もう見たくない母の涙 —C　C
- こんな僕でも見捨てなかった —D　D
- こんなにも素敵な人達がそばにいてくれた —E

サビ
- ありがとう（なくさないで笑顔　忘れないで涙）
- ありがとう（僕の大好きな言葉　僕の大切な人へ）
- ありがとう（なくさないで笑顔）
- ありがとう（忘れないで涙）
- ありがとう（僕の大好きな言葉　僕の大切な人へ）
- 小さな小さな幸せでいい
- 僕らにずっと続きますように… —F

＊サビ3
（サビの振り付けと同じですが，最後の決めポーズはなし）

＊サビ4（サビの振り付けと同じ）

愛する人へありがとう —G

＊後送（上ワイパーで足踏み）

＊間奏（ペットを振りながら足踏み）
＊2番（1番の振り付けと同じ）
＊サビ2（サビ振り付けと同じ）

★
- 訳もなく人は淋しくなるけど
- 一人ぼっちではないんだ
- 大きな存在がきっと救ってくれるから

★ペットを振りながら歩きましょう。複数で踊る場合には，出会った人とペットを振り合ったり，挨拶をしたりしてみましょう。

Ⅲ.実践編　4.弾んで踊ろう

前奏

① ペットを両手に持ってしゃがみ，深呼吸をしながら，立ち上がる（8拍）
② 深呼吸をしながら，しゃがむ（8拍）。
③ 深呼吸をしながら，立ち上がる（8拍）
④ ペットをリズムに合わせて左右に振る（8拍）

A

♪どうしようもない　いつもしょうもない　　♪事ばかりで　盛り上がって

① 右側でかいくぐり（3拍），4拍目でペットをトンッと合わせる
② 左側でも同じようにくり返す（4拍）

B

♪そんな　　　　　　♪僕らも

① 両腕を左右に開き，体を右にねじりながら両腕も右に大きく振って，からだにまきつけるようにする（2拍）
② 両腕を左右に開き，体を左にねじりながら両腕も左に大きく振って，からだにまきつけるようにする（2拍）

C

♪泣かせてきた　　　♪人も沢山

① 胸の前でぐるりと縦に円を描いて，両腕を左から右へ，2拍目に左足でつま先トンッ
② 胸の前でぐるりと縦に円を描いて，両腕を右から左へ，2拍目に右足でつま先トンッ

D

♪こんな　　　　　　♪僕でも

① 右へ小さくジャンプをし，着地と同時に両腕を後ろに引く（2拍）
② 左へ小さくジャンプをし，着地と同時に両腕を後ろに引く（2拍）

E

♪こんなにも素敵な人達がそば　　　♪にいてくれた　ありがとう

① ペットを振りながら上にあげつつ，前進（8拍）
② ペットを振りながら下にさげつつ，後退（8拍）

119

F

♪(なくさないで笑顔　忘れないで涙)　ありがとう

①右手は斜め下，左手は斜め上にし，ペットを振りながら右回りでスキップ（8拍）

♪(僕の大好きな言葉　僕の大切な人へ)　ありがとう

②左手は斜め下，右手は斜め上にし，ペットを振りながら左回りでスキップ（8拍）

♪(なくさないで笑顔)　ありがとう
　(忘れないで涙)　ありがとう
　(僕の大好きな言葉　僕の大切な人へ)　小さな

③4拍ずつ立って，座ってを2回くり返す（4拍×2回）

♪ぁ～　小さな幸せでいい

④①②の動きをくり返す（8拍＋8拍）

♪僕らにずっと

⑤右，左と両腕をひらく（4拍）

♪続きますように…

⑥左側にからだをねじりながら「ぐ～」（2拍），ほどくように右にターンをして，決めポーズ（2拍）

G

♪wow wow

①リズムに合わせて，ペットを左右に振る（4拍）

♪愛する人

②右，左と両腕をひらく（4拍）

♪へ　ありがとう

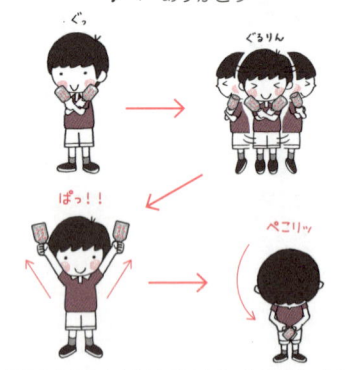

③左側にからだをねじりながら「ぐ～」（2拍），ほどくように右にターンをして，ぱっとポーズの後，ぺこりとおじぎをする（2拍）

> **・応用展開をしてみよう**
>
> リズムに乗って，楽しみながら踊るだけではなく，同じ動きを向きや隊形を変えることで，1人から2人の動き，そして円での小集団の動きへと展開することができます（コラム「隊形」参照）。運動会などの発表の場で踊る際には，隊形を含めての見せ方・表現の仕方を工夫してみましょう。

Ⅲ．実践編　4．弾んで踊ろう

● コラム ●　　リズムダンスの隊形 2

●隊形移動を考えるコツ！

以下の項目に注意をしながら考えていくとよいでしょう。

コツ①：起点（列の先頭や移動の先頭）となるところに，しっかり者（隊形参考事例の●印のところ）を配置し，ほかのみんなは後をついていけばよいようにする。

コツ②：円，円中心，斜めの線などは白線を引いておくようにする。

コツ③：右左を区別するのがむずかしい子どもへの指導の場合には，右手首だけに飾りをつけると目印になる（言葉かけ例：「お花がついている方の手からあげるよ」）。

コツ④：隊形移動は間奏で行うと，次のメロディから同じ動きに入れる。

コツ⑤：最後は観客の方を向いてのポーズで終わるとよい。

例）

▲みんなで左回り 　　▲高さを変えて工夫してみよう 　　▲フラッグを使って中心に集まる

●参考事例

リズムダンス「ありがとう」を基に，実践事例をみてみましょう

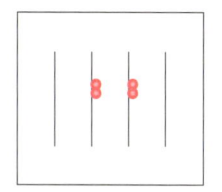

①前奏から1番までは縦4列で，全員前向きで踊る。

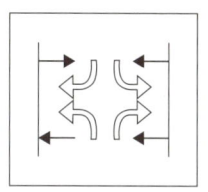

②間奏で両端の縦列は横を向き，中心に向かって歩く。中心2列は，列の中央の●の2人から外側に向かって歩いていく。

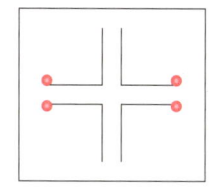

③十字の形になり，向かい合った子どもと一緒に踊る。

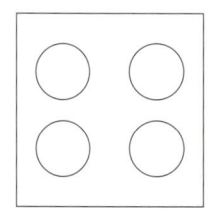

④③の●の子どもから小円を作るように歩いていく。

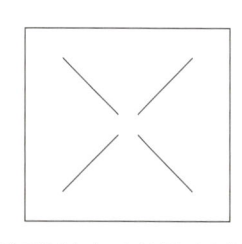

⑤④で起点になった子どもから放射状になるように進み，最後は外側を向く。

ぬめぬめにょきにょき
弾んで踊ろう　展開事例⑫
なめこのうた

リズムに乗ってにょきにょき動いたり，なめこのぬめぬめした感じを表現しながら楽しく踊りましょう。また，表現をしながら友だちとかかわれる工夫をするとより楽しく，広がりをもった展開にすることができます。踊りに慣れてきたら挑戦してみるのもオススメです。

対象年齢　目安	2歳	3歳	4歳	5歳
大人と一緒に	♪	♪	♪	♪
先生を見本に	♪	♪	♪	♪
ひとりで	/	/	♪	♪
お友だちと	/	/	♪	♪

● 準備するモノ ●

ありません

振り付け例

＊注意：振り付け（動き）には，参考までに1番の歌詞のみ表示しております。ご了承下さい。

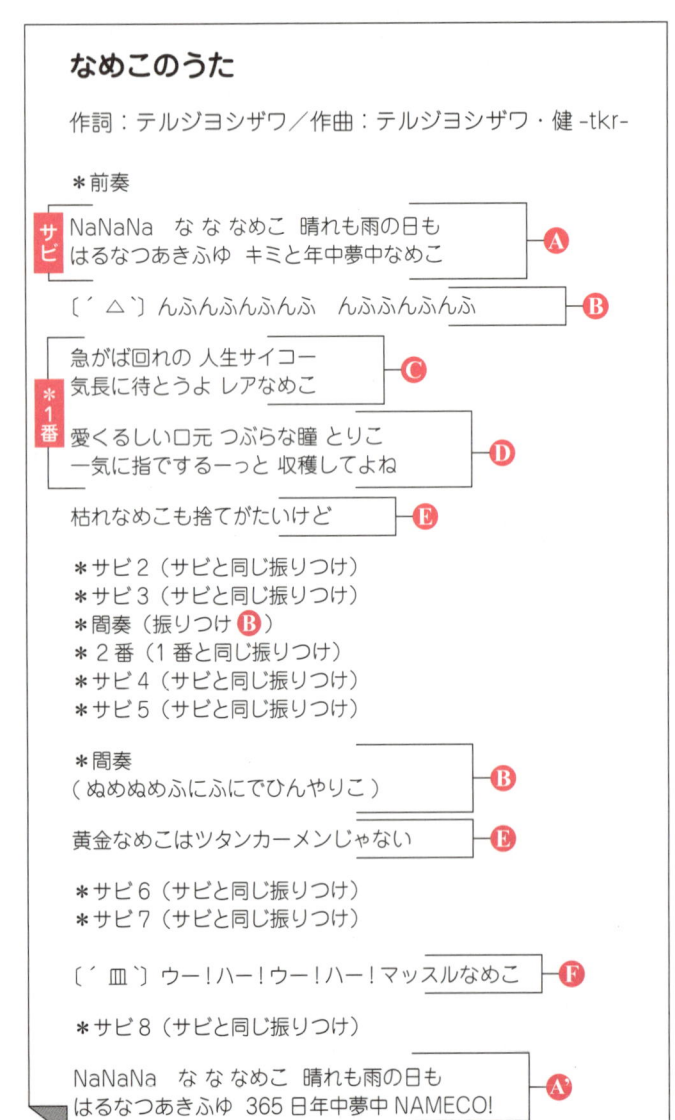

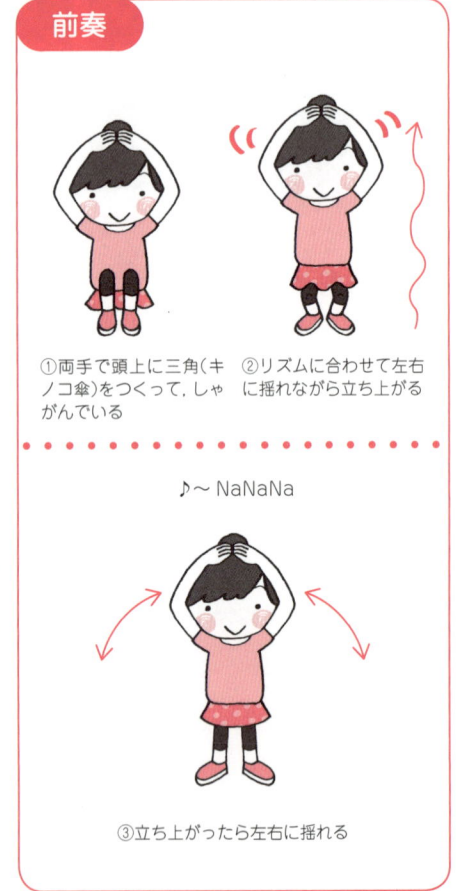

なめこのうた
作詞：テルジヨシザワ／作曲：テルジヨシザワ・健 -tkr-

＊前奏

サビ　NaNaNa　な な なめこ　晴れも雨の日も
はるなつあきふゆ　キミと年中夢中なめこ　──A

〔´△｀〕んふんふんふんふ　んふふんふんふ　──B

＊1番
急がば回れの 人生サイコー
気長に待とうよ レアなめこ　──C

愛くるしい口元 つぶらな瞳 とりこ
一気に指でするーっと 収穫してよね　──D

枯れなめこも捨てがたいけど　──E

＊サビ2（サビと同じ振りつけ）
＊サビ3（サビと同じ振りつけ）
＊間奏（振りつけ B ）
＊2番（1番と同じ振りつけ）
＊サビ4（サビと同じ振りつけ）
＊サビ5（サビと同じ振りつけ）

＊間奏
（ぬめぬめふにふにでひんやりこ）　──B

黄金なめこはツタンカーメンじゃない　──E

＊サビ6（サビと同じ振りつけ）
＊サビ7（サビと同じ振りつけ）

〔´皿｀〕ウー！ハー！ウー！ハー！マッスルなめこ　──F

＊サビ8（サビと同じ振りつけ）

NaNaNa　な な なめこ　晴れも雨の日も
はるなつあきふゆ　365日年中夢中 NAMECO!　──A'

前奏

①両手で頭上に三角（キノコ傘）をつくって，しゃがんでいる
②リズムに合わせて左右に揺れながら立ち上がる

♪～ NaNaNa

③立ち上がったら左右に揺れる

A' は，A とほぼ同じ振り付けですが，「♪365日」と「♪年中夢中」の2回「かいぐりをしながら，ぐるりと回る」となります。

Ⅲ. 実践編　4. 弾んで踊ろう

A

♪な な なめこ　晴れも雨の日も

①右ななめ上に三角傘のまま伸び上がり（1拍），キノコポーズで正面（1拍），左ななめ上に三角傘のまま伸び上がり（1拍），再びキノコポーズで正面（1拍）を4セット（16拍）

♪はるなつあきふゆ　キミと

③両手パンチを前に突き出したまま，上下にふる（8拍）

♪年中夢中なめこ

③そのまま，ぐるりとまわって，「♪なめこ」にあわせてキノコポーズ（8拍）

B

♪〔´△`〕んふんふんふんふ　んふんふんふんふ

①2拍ずつ，左右交互に4回，両足でジャンプ（8拍）

②腕や体でぬめぬめを表現（8拍）

③①②をもう1セットくり返す（16拍）

C

♪急がば回れの

①拍に合わせて，右へ8歩走る（8拍）

♪人生

②胸の前で腕をクロスさせて「グー」ポーズ（4拍）

♪サイコー

③両手でピースサインをして，前に突き出す（4拍）

♪気長に待とうよ

④拍に合わせて，左へ8歩走る（8拍）

♪レアなめ

⑤両手をぐるぐる回しながら（かいぐり），しゃがんでいく（4拍）

♪こ～

⑥体全体でグー（2拍），パーポーズをしながら3拍目で立ち上がる（2拍）

123

D

♪愛くるしい口元　つぶらな瞳 とりこ

♪一気に指で　す

♪るーっと

① 右足でかかとトンッをしながら，右手を顔の横でパー（4拍），左足でかかとトンッをしながら，左手を顔の横でパー（4拍）を2セット（8拍×2回）

② 右腕を下から左側を通って，右ななめ上へ（4拍）

③ 左腕も下から右側を通って，左ななめ上へ（4拍）

♪収穫してよね

④ 頭上に上げた両手をキラキラさせながら，ぐるりとまわる（8拍）

E

♪枯れなめこも捨て

♪がたいけど　NaNaNa

① 両手を目にかざして，何かを探すように左右をキョロキョロする（4拍）

② 腕を胸の前でクロスした「グー」ポーズから，3目の「♪けど」にあわせて両手をひろげて，ビックリポーズ（4拍）

F

♪ウー！ハー！

♪ウー！ハー！

♪マッスルなめこ

① 「ウー！ハー！」にあわせて，右パンチ！（2拍）

② 「ウー！ハー！」にあわせて，左パンチ！（2拍）

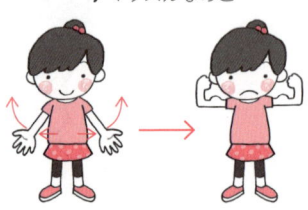

③ 両手を下から左右にひろげていき，「なめこ」で両腕に力こぶをつくる（4拍）

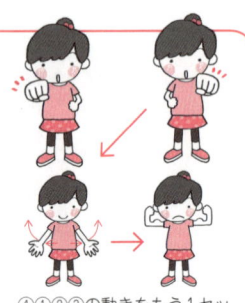

④ ①②③の動きをもう1セットくり返す（8拍）

● **隊形移動を加えてみよう！**

　隊形を変えると，またひと味違ったリズムダンスになります。間奏を使った移動など，さまざまな移動方法や隊形を考えてみましょう。
　たとえば，こんな隊形はどうでしょう。

① 初めは全員前向き。
② 2番が終わっての間奏で，2重円になる。
③ その後の1回目のサビでは外円は座り，リズムを取って拍手をする。内円は両手をつなぎ，リズムを取る。
④ 最後は全員でサビのダンス。

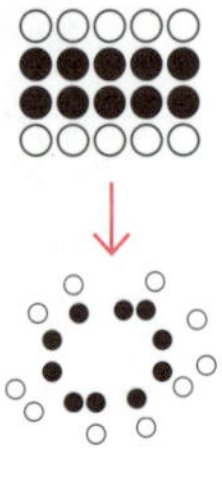

環境を整えて，身体表現を引き出しましょう！

　この本を書いている私は，小さいころから踊ることが大好きでした。家にはレコードプレイヤーが置いてあり，クラシック音楽のレコード全集がどんと置いてありました。その中から好きなレコードを選び，自由にかけることも許されていて，流れてくる曲に合わせて自由に踊っていました。もちろん高価なものであることは子どもでもわかりますので，ずいぶんと慎重に，大切にレコードを扱い，レコード針が飛ばないように気を付けましたが，音楽に合わせて自由に踊る楽しさは最高でした。今でも両親にはとても感謝しています。

　また，鳴門教育大学附属幼稚園では，お遊戯室にCDデッキを置き，子どもたちが自由にCDをかけることができるようにしてありました。自由遊びの時に，踊りたい子どもたちが集まってきて，どの曲にするか相談。CDデッキを子どもたちで操作し，流れてくる音楽に合わせて踊っていました。さらにお遊戯室の手前には，きれいな布やスカーフなども置いてあり，そこから自由に選んで腰に巻いたり，頭にベールのようにかけたりして衣装を身に付けることもできます。素敵にドレスアップしてお遊戯室に行って，ファッションショーや，時には男性保育者が王子様となり，お姫様になった子どもたちと舞踏会をすることもあります。

　また，ある幼稚園では発表会で踊る曲を子どもたちと選んでいました。候補となる曲を自由遊びの時間などにBGMとして流し，一番子どもたちが楽しんだ曲にします。そして，その曲を流し，子どもたちを数名ずつ先生の元へ呼び，振り付けを子どもたちと一緒に考えます。ここは「○○ちゃんの振り」「ここの決めポーズは○○さんのポーズ」など，曲を聴いて「ここの音でこんな動きをしたい！」という子どものいろいろなアイディアを取り入れていました。子どもから生まれてきた動きは子どもたちも踊りやすいようです。

　子どもたちが自由に踊ることを楽しめるように人的にも物的にも環境を整えて，子どもたちの素敵な身体表現あそびを引き出したいものですね。

▲お姫様に変身して舞踏会で先生と踊るの！

5 表現しよう！

Ⅲ. 実践編

① 表現指導の内容と方法

1) 題材

　題材選びは，子どもたちがすっとその世界に入り，そのものになりきって表現してくれるかどうかを左右する重要なポイントとなります。では，子どもたちの興味関心に合致する題材とはどのようなものでしょうか。

　子どもたちは日常生活の中で多くの体験を積み重ね，それが基盤となって，イメージがつくられます。特に自分が実際に見て，感じたことは，子どもたちの心の中に鮮明に残り，豊かなイメージとなって創造されていきます。ゆえに，そのようなテーマを身体表現あそびの題材にすることで，しっかりとしたイメージをもった，なりきり表現をうながすことができます。

　逆にいうと，経験や体験のない題材は，子どもたちにとって表現しにくい題材となります。実際，海のない県で，海をテーマにした身体表現あそびを行ったところ，子どもたちからうまく動きを引き出せなかったといいます（p.37参照）。

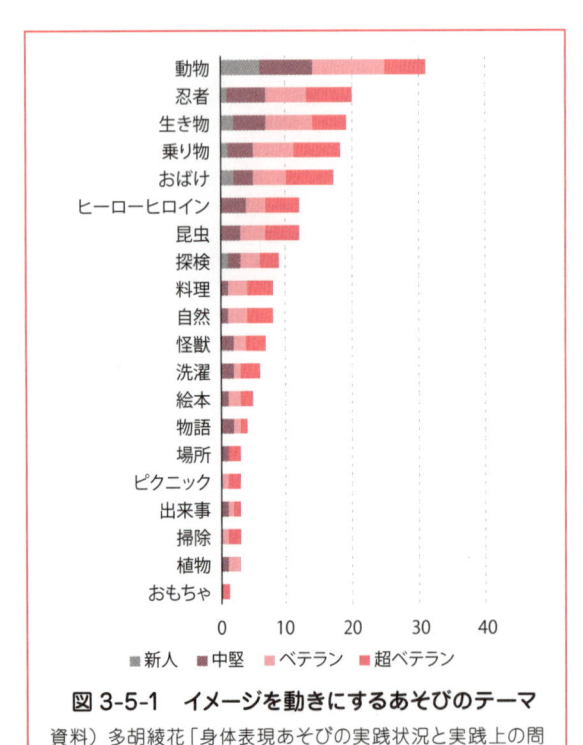

指導案 の流れ
1. 導入
2. 心と体をほぐそう
3. 弾んで踊ろう 〜リズム〜
4. 表現しよう！
5. まとめ

　つまり，子どもたちが自分の目で見て，感じて，驚いたり，不思議に思ったりしたことに裏付けされたイメージがもてるテーマこそが，身体表現あそびに一番適した題材となるのです。

　この「自分の目で見て，感じる」というのは，必ずしも実体験だけがその対象ではありません。絵本やテレビなどを通して，子どもたちが見て，感じて，イメージを膨らませ，楽しく表現できる題材もあります（図3-5-1）。子どもたちは，見えないものや空想上のものに対するイメージが大人以上にあり，「こんなものがいたらいいな」「いるかも‥」と，その存在を半分信じています。そして，不確かな存在であるおばけや怪獣，忍者などが大好きです。このような子どもたちの特性をふまえ，想像の世界を自由に行き来できる子どもたちの想像力をかきたてるような題材や，イメージが広がる題材も積極的に取り入れていきましょう。

図3-5-1　イメージを動きにするあそびのテーマ
資料）多胡綾花「身体表現あそびの実践状況と実践上の問題点について」『湘北紀要』第34号，p.58，2013

子どもたちのこのイメージ力は，ときに実体験を補うこともできます。たとえば，前述のようにイメージしにくい題材での表現あそびを計画する場合には，イメージを膨らませるような絵本の読みきかせを導入に用いるなど，ひと工夫を加えることで活き活きとした実践へ変えていくことができます。

　また，身体表現あそびには，イメージから表現する『変身あそび』だけではなく，いろいろな動きに挑戦していく『動きあそび』があります。『イメージから動きへ』と『動きからイメージへ』の両方の題材を取り入れながら，イメージと動きの両方を耕し，さまざまな動きや身体全身を使った身体表現を引き出すようにしていきましょう。

2）保育者の態度と言葉かけ

　身体表現あそび実践において保育者に求められるのは，子どもたちの発想や動き，表現をすべて認めようとする「受容的態度」です。身体表現あそびには正解も，上手・下手，勝ち負けもありません。たとえ，それがどんな表現でもその子らしさとして，受け止め，たくさん褒めることが大切です。それが，身体表現あそびの最大のよさであり，特徴といえます。

　そのため，身体表現あそびの言葉かけも，「褒める言葉かけ」が基本となります。しかしながら，ただ漠然と「いいよ」「すごいね」「えらいね」では，子どもたちの心に響きません。では，何をどのように褒めたらいいのでしょうか。

　ほかの保育の場面でもそうですが，自分自身で見て，感じたことから「どこがよかったのか」「どの部分が素敵だったのか」など，具体的に伝えることで，その子の動きや表現を本当に認めることができます。その動きの分析視点を与えてくれるのがコラムでも紹介した「ラバン理論」です。この理論の3つの「動きの質（エフォート）」，①時間性（速い－遅い），②力性（重い－軽い），③空間性（直線的－曲線的）に注目して動きをとらえ，褒める言葉かけにつなげると，「腕がピーンと伸びているね」「速くなったり，遅くなったり，面白いね」「ふわふわっと軽く飛んでいるね」など，どこがよかったのか，どこを工夫しているのかを具体的に言葉にして伝えることができます。このような言葉かけは，子どもたち自身にとっても，自分のどこがよかったのかが分かり，もっと表現しようという気持ちにつながります。また，どのように動いていいのかが分からない子どもにとっても，動き出すきっかけやヒントになります。

3）展開方法

　低年齢のクラスでは，さまざまな種類の題材に触れることだけでも意味があるとは思いますが，身体表現あそびをより豊かに行うためには「展開」がポイントとなります。しかしながら，どう展開していくのかがむずかしく，展開や発展が乏しくなりがちという声もよく耳にします。表面的に表現して終わりになってしまわないように常に心がけていきたいところです。では，どのように展開をしていけばよいのでしょうか。

　たとえば，象を表現しようとするとき，多くの人が「長い鼻を揺らして，のしのしと歩く」姿を思い浮かべるでしょう。しかし，象は歩くだけではありません。水浴びもするし，お友達とのおしゃべりも，お腹がいっぱいご飯を食べて眠ることだってするでしょう。はたまた，草むらからライオンが狙っているなんてこともあります。このように，保育者には，ひとつの題材を深め，かつ，その展開をいかに考えられるかという「発想力」や「想像力」が求められます。

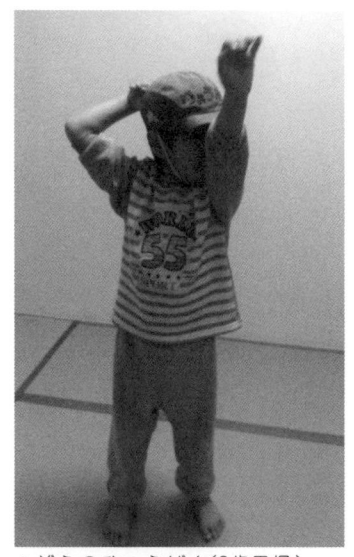

▲ぞうのひょうげん（6歳男児）
「ぱぉーん」と元気にご挨拶

ぜひ鍛えていきたい力です。

　しかし，それらが苦手という人は，発想や想像力を無限にもっている子どもたちの力を借りるというのも一案です。子どもたちから湧きあがるイメージを鋭敏に察知し，それをクラスに紹介することで，みんなでイメージを共有しながら遊びを広げていくことができます。このように苦手意識がある人でも，子どもたちと一緒にその世界やストーリーを楽しむつもりで臨めば，身体表現あそびを楽しみ，子どもたちと豊かな時間を過ごすことができるでしょう。

4）身体表現あそびを進んでやらない子どもへの対応

　多くの保育者が「身体表現あそびを進んでやらない子どもへの対応」に頭を悩ませます。では，どのように対応すればいいのでしょうか。

　まず大切なのは，保育者がモデルとなって，「身体や動きで表現することは楽しい」と，表情や動きで伝えることです。これは，最近増加している「どう動いていいか分からない子ども」に自由に動いていいことをうながし，安心して動き出せる原動力を与えます。また，楽しそうに動くほかの子どもたちの姿も活動したくなるきっかけとなります。

　また，見ているだけでも参加と考えましょう。そのうえで，「動きたくなったらやろうね」「今度はやってみようね」と何度か声をかけ，ようすを見るなど，強制しない働きかけが大切です。やりたくないという気持ちも受け止める姿勢が，本当の意味での「受容」と考え，動き出したら，たくさん褒め，認め，自信につなげていくようにしましょう。そのほか，その子どもが興味をもっているものを身体表現あそびの題材に取り入れたり，変身をより楽しくするお面や物を用意したりするなどの，あそびに参加するきっかけづくりも有効です。

　このように「①モデル」「②受容」「③強制しない働きかけ」「④きっかけ作り」の4点を念頭に置きながら，無理のない方法で子どもたちを身体表現あそびの世界に誘（いざな）っていきましょう。

▲モデル（保育者が全身で表現）　　▲受容（たくさん褒め，子どもたちが出した動きを認める）

● 参考文献 ●

・西洋子，本山益子「幼児期の身体表現の特性Ⅰ―動きの特性と働きかけによる変化―」『保育学研究』第36巻第2号，pp.25-37，1998
・高野牧子，小田ひとみ「幼児への創造的身体表現の指導法ⅢⅣ」『日本保育学会大会研究論文集（53号）』大会号，pp.300-303，2000
・本山益子，西洋子「幼児期の身体表現の特性Ⅱ―身体表現と認識との関連」『舞踊学』通号23号，pp.53-64，2000
・高野牧子「幼児期における創造的身体表現の有効性に関する実践的研究 - Laban理論を基礎として-」『第56回JAPEW未来世代の研究発表会要旨抄録』p.7，2012
・多胡綾花「身体表現あそびの実践状況と実践上の問題点について」『湘北紀要』第34号，pp.51-71，2013
・小林鮎子 他「幼児の身体表現活動を引き出す言葉かけ―オノマトペを用いた動きとイメージ―」『佐賀女子短大研究紀要』第47集，pp.103-116，2013

雨の日の
お散歩！

表現しよう！　展開事例①

雷さんと水たまり

対象年齢　目安	2歳	3歳	4歳	5歳
大人と一緒に	♪	♪	♪	♪
先生を見本に		♪	♪	♪
ひとりで				
お友だちと			♪	♪

雨の日をイメージしながら，リズムにあわせて歩いていきましょう。保護者やお友だちと手をつないで歩いたり，ときに協力して水たまりを跳び越えたりとスキンシップを図りつつ，イメージの世界も楽しめます。雷が近づいてきたり，大雨に追いかけられたり，水たまりを跳んだり，さけたりとイメージを膨らませて，雨の日の散歩を表現してみましょう。

● 準備するモノ ●

＜必須＞
・タンバリン
　（ハンドドラム・ピアノなどでも可）

指導展開事例

1．リズムに合わせて雨の日散歩

タンバリンの音に合わせて保護者やお友だちと散歩に出かけましょう。おやおや，次第に雨雲が出てきて…さて，どうしましょう？

基本の動き

1. タンバリンに合わせて保護者（または友だち）と歩く。
2. ぱらぱら雨が降ってきた。傘をつくって雨宿り。
3. 雨が止んだら，また歩き出す（1～3をくり返す）
4. 活動に慣れてきたら，少しずつ大きな傘にして，くり返す。
5. 全員で大きな傘になって，傘を畳んだり（円を小さく），傘を広げたり（円を大きく），傘を揺らしたりする。

2．イメージをふくらませて展開してみよう！

展開①　雷ごろごろ

1. （タンバリンを指先で小さく叩きながら）ごろごろ音がしている間は，雷さまに見つからないようにそっと歩く。
2. （タンバリンを大きく叩き）ドドンと雷が落ちたら，おへそを隠して小さくなる。
3. 1と2をくり返す。

▲おへそをかくして，そーっと歩こう

展開②　水たまりをジャンプ！！

1. 水たまりをジャンプ。
　①保護者が持ちあげる。
　②子どもと一緒に片足踏み切りでジャンプ。
　③両足ジャンプ（小さな水たまりがあちこちにあるね）
　④走ってジャンプ（大きな水たまり，越えられるかな）
2. 水たまりにばしゃばしゃ入る（踏み鳴らして歩く）
3. 水をかけあう。

イメージすると，いろいろな歩き方，跳び方ができますね！

身近なもので楽しもう！

表現しよう！　展開事例②

しんぶんしマンになりきろう

対象年齢　目安	2歳	3歳	4歳	5歳
大人と一緒に	♪	♪	♪	♪
先生を見本に	♪	♪	♪	♪
ひとりで	/	♪	♪	♪
お友だちと	/	/	♪	♪

● 準備するモノ

<必須アイテム>
・新聞紙（できるだけ沢山）
・人型に切った新聞紙（大きい方がよりよい）
<オススメ>
・タンバリン（たいこ）

　身近にあって，手軽に使える新聞紙を用いた学習は多種多様であり，広げて風の抵抗を感じたり，投げて浮遊感を楽しんだり，ちぎったときの音や感触を味わったりとさまざまな体験ができます。
　「しんぶんしマンになりきろう」は，さらにその動きを模倣することで，五感で感じたことを動きのイメージにして，身体で表現するあそびです。
　さてさて，どんな動きが生まれるでしょうか。

指導展開事例

● **導入：新聞紙とあそぼう**

　大きく広げたり，小さくたたんだり，乗ったり，投げたりなど，新聞紙を使ってさまざまな体験をし，一緒にあそんで，新聞紙と仲よくなりましょう。

例）

● **一緒に走ろう**

　手を使わずに，体で支えて，新聞紙と一緒に走りましょう。だんだん新聞紙を小さく折りたたんで挑戦していくと難易度もあがっていきます。

● **一緒に走ろう〜応用編〜**

①頭で支えて走ろう
②ふたりの体の間に新聞紙を挟んで移動してみよう

● **投げてキャッチ！**

　新聞紙を手で高く放り投げ，手を使わずに体でキャッチします。

● **投げてキャッチ！〜応用編〜**

　投げあげた新聞紙が落ちてきたところを手を使わずに床すれすれでキャッチしてみましょう（新聞の下に滑り込むイメージ）。
　2人組になり，キャッチする身体部位を言いながら，広げた新聞紙のキャッチボール。コミュニケーション能力も高めます。

▲新聞紙と走ろう 　　▲頭で新聞紙を支えてみよう

▲頭上に投げてみよう 　　▲新聞紙を体でキャッチ

III. 実践編　表現しよう！

●展開：しんぶんしマンになりきろう！

人型に切り取った新聞紙「しんぶんしマン」を多様に動かし，その動きを真似（模倣）してみましょう。動きをどうとらえ，どんな風に表現するか，子どもたちの動き（身体表現）を引き出していきましょう。

1）新聞紙になろう

まずは，保育者（指導者）が人型新聞紙に多様な動きや感じを出すように動かして見せましょう。その動きをみながら，「しんぶんしマン」になりきって，各自が表現できるよう，うながしていきましょう。

▲しんぶんしマン

（1）座位の動き

小さい動きでは，どんなことができるでしょうか。座位でもできる動きを考えてみましょう。

例）・ひらひらとゆらす
　　・グシャグシャと新聞紙で音を出す
　　・ピンピンと引っ張る　など

▲同じ動きをしてみよう

（2）立ち上がっての動き～大きな動きへ展開

全身を使った大きい動きをしてみましょう。どんな動きができるでしょうか。

例）・高く放って，落とす
　　・足で踏みつける
　　・ひきずる
　　・畳んだり，ひろげたりする
　　・床に置いて，真ん中をつまんで持ちあげる
　　・ちぎって散らす　など

▲新聞紙をおんぶして移動してみよう

2）2人組で模倣を楽しもう

ひとりが「しんぶんしマン」を動かし，もうひとりはその動きを模倣してみましょう。保育者（指導者）の合図で役割を交代し，動かす方と表現する方の両方を楽しめるように配慮しましょう。

動きが途切れないよう，連続させるようにリードするのがポイントです。

> **Point**
> ●対象年齢が低い場合
> 自主的に多様な動き（表現）などをすることがむずかしいケースがあります。保育者（指導者）は，ようすをみながら，動きをうながす合図をしたり，どんな感じの動きがあるかを示したりするなど，動きを引き出すようなリードをするようにしましょう。

131

いろいろなじゃんけんであそぼう！

表現しよう！　展開事例③

からだじゃんけん

対象年齢 目安	1.5歳	2歳	3歳	4歳
真似っこあそびとして	♪	♪	♪	♪
大人といっしょにあそぶ		♪	♪	♪
表現等のアレンジ			♪	♪
子ども同士であそぶ			♪	♪

　手軽に楽しめる「じゃんけん」をアレンジして，手だけでなく，身体のさまざまな部分をつかってあそんでみましょう！
　アレンジは「顔じゃんけん」などのからだの各部位をつかってみたり，体全体を大きくつかってアクションを工夫したり，イメージ表現を取り入れたり，といろいろ考えられます。
　みんなでオリジナルじゃんけんを考えてみるのも面白そうですね。

● 準備するモノ ●

ありません

指導展開事例

1. じゃんけんであそぼう！

　親子活動の場合には保護者と一緒に，園内（クラス）活動の場合は，まずは保育者を見本にして，通常のじゃんけんであそんでみましょう。「じゃんけん」に慣れていない子どもたちなら，「勝ち負け」の概念は意識せず，真似っこあそびとして，大人（保護者，保育者）がリードして表現を楽しむのもよいですね。

> 勝ち負けの概念のある子どもたちであれば「後出しじゃんけん　じゃんけんぽん！」で，子どもが大人に勝つようにあそんでみよう！

2. みんなでいろいろなじゃんけんをやってみよう！

　手だけでなく，からだのさまざまな部位を使って「グー」「チョキ」「パー」を表現してみましょう。

●顔じゃんけん

　まずはみんなで一緒に，顔だけで「グー」「チョキ」「パー」をしてみましょう。
　慣れてきたら，一人ひとりのオリジナル「顔じゃんけん」を考えて見せ合うのも面白いですね。

例）
- 「グー」　顔をくしゃくしゃにして
- 「チョキ」　くちびるをとがらせて
- 「パー」　目も口も大きく開いて

●座ったままで「じゃんけん，ぽんッ！」

　上半身だけで「グー」「チョキ」「パー」を表現してみましょう。狭い場所でも座ったままで出来るので，いろんな場所で楽しめますね。

例）
- 「グー」　背中を丸めてお腹を抱える感じで
- 「チョキ」　腕をはさみのように前に出して
- 「パー」　両手万歳で

Ⅲ．実践編　表現しよう！

● からだを大きくつかって「からだじゃんけん」

　からだを大きく使って「グー」「チョキ」「パー」を表現する「からだじゃんけん」。まずは，できるだけ極限までからだを使うことを意識して，保育者を真似て動きましょう。慣れてきたら「後出しじゃんけん　じゃんけんぽん！」などのゲームを楽しみましょう。

3．オリジナルじゃんけんを楽しもう！

　今度は，「グー」「チョキ」「パー」の特性を思い切りデフォルメして，種類の違った3つの動きで，自分だけのオリジナルからだじゃんけんを考案し，表現してみましょう。

1) 一人ひとりの「グー」「チョキ」「パー」を引き出そう！

①それぞれの性質をあらわした言葉かけで子どものイメージをひろげましょう。

言葉かけ例

・「グーは何？石だね。石は硬いね」「チョキは何？そう，はさみ。はさみは鋭い刃がついてるよ。よく切れるよ」「パーは何？紙だね。紙は風が吹くと，ヒラヒラヒラ…。舞いあがるよ」

▲みんなでガチっと「グー」　　▲楽しい気分で「チョキ」　　▲手も足も大きく広げて「パー」

②イメージをもとに子どもと一緒に動きをみつけてみましょう。

言葉かけ例

・「まずはグーのポーズ。みんなどうする？周りを見て，みんなと違うグーを作ってね」

③オリジナルポーズがいくつか出たら，個性的あるいは，ちょっとむずかしそうなポーズを取りあげて，みんなで真似をしてみましょう。

Point
・最初は具体的な動きを指示し，徐々に子どもたちのイメージが膨らんでいくような言葉かけにしていきましょう。
・「グーで硬い動き」「チョキで鋭い動き」「パーで柔らかい動き」と，それぞれ質の違う動き（身体表現）に挑戦してみましょう（対象:年長～小学生）

言葉かけ例

・「□□ちゃんのチョキはとっても鋭そうね。真似するよ。もっともっとからだが痛いくらいに伸ばそうね。○○くんのグーはなんだかとってもむずかしそうね。みんなもっともっとグーッと固まって。△△ちゃんのパーが素敵。ヒラヒラヒラ。風でとんでっちゃうみたいね。真似をしてみよう！」

2) グループで見せ合って，オリジナルじゃんけんを味わおう！

　グループ毎にオリジナルからだじゃんけんを考え，保育者の言葉かけを合図に，オリジナルの「グー」「チョキ」「パー」を表現し，グループ同士で見せ合ってみましょう。

言葉かけ例

・「今度はグループであそんでみよう。みんなでグーね。どんなグーにする？」

おなじみの伝承遊びをさらに楽しく！

表現しよう！　展開事例④

だるまさんがころんだスペシャル

対象年齢　目安	2歳	3歳	4歳	5歳
大人と一緒に		♪	♪	♪
先生を見本に		♪	♪	♪
ひとりで				♪
お友だちと			♪	♪

子どもたちになじみのある伝承遊び「だるまさんがころんだ」に，表現する楽しさをプラスしたのが「だるまさんがころんだスペシャル」です。動かないで止まっている時のスリルや，追いかけあそびを楽しみながらも，体を大きく動かしたり，いろいろなポーズをとったりすることで，また別の楽しさも感じられるでしょう。

● 準備するモノ

<オススメ>
・絵本『だるまさんが』(p.74)

指導展開事例

● 通常の「だるまさんがころんだ」のルールを確認しよう！

「だるまさんがころんだ」はどのようなあそびだったでしょうか。まずは，基本となるルールを確認しておきましょう。

基本ルール

鬼は「だるまさんがころんだ」と言い，言い終えたらすぐに振り向きます。そのほかの子どもは少しずつ鬼に近づき，鬼がふり返る前にストップ。動いてしまったら鬼と手をつないで仲間の助けを待ちます。

● 「だるまさんがころんだ」を応用してみよう！

「だるまさんがころんだ」に表現遊びをプラスして，スペシャル版にしてみましょう。どんな「だるまさんがころんだスペシャル」が考えられるでしょうか。

次にあげる事例を参考に，オリジナルの「だるまさんがころんだスペシャル」を考えてみましょう。

1. 鬼がポーズを指定

「だるまさんがころんだ」の最後の「だ」のときに鬼が指定したポーズをとって止まります。ぐらっとしたら鬼と手をつなぎ，仲間の助けを待ちましょう。

例）友だちの背中にタッチしてストップ／片手を床につけてストップ

> 鬼はなるべく，いろいろなポーズを指定し，みんなでポーズを楽しめるようにしましょう！

2. 「だるまさんの一日」

「だるまさんがあくびした」「だるまさんがソバを食べた」「だるまさんが顔を洗った」など，この場合は動きを止めずに言われた動作をし続けます。

Ⅲ. 実践編　表現しよう！

3. 鬼が移動の仕方も指定

「床にお尻をつけて」「ハイハイで」「右手で左足をつかんだまま」など，鬼が言った動作をしながら移動します。

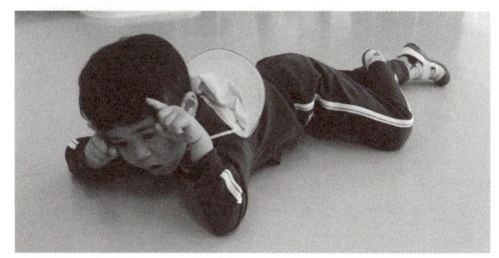

▲昆虫に変身して進むのだ！！

4. 一文字ずつポーズを決めよう！

「だるまさんがころんだ」の一文字ずつにポーズを決めて，ポーズをとりながら鬼に近づいていきます。ぐらっとしたら鬼と手をつなぎ，仲間の助けを待ちましょう。

> 鬼は少しゆっくりめにかけ声をかけ，1ポーズずつをはっきりとれるように配慮しましょう。

だ　る　ま
さ　ん　が
こ　ろ　ん
だ

5. なりきりだるまさん

止まるときに，「忍者が隠れた」「チョウチョがお花に止まった」「フンコロガシがフンを転がしている」など，鬼が決めたシチュエーションで，そのものになりきって楽しみましょう。

Point
・鬼が追いかけてつかまえる部分よりも，前半のかけ声に合わせて大きく体を動かしてポーズをきめるところを大切にしましょう。
・大きく動けているよい例をピックアップしてほめるようにしましょう。

ARRANGEMENT

● 「○○の動きを入れてみると…」

①手足を大きく伸ばしたり，広げたりしたダイナミックな動き
②片足で立ちながら行うバランスをともなう動き
③体をねじる，小さく縮めるなど体幹を使う動き
④面白い顔の表情（喜怒哀楽など）をしながら，上記①〜③の動きを行う
⑤2人組，3人組など友達と力を合わせて完成させる動き
　（例：手をつないで　など）

表現しよう！　展開事例⑤

いろいろなバランスに挑戦！

おっとおっと おっとっと

対象年齢に合わせて，難易度を変えるなど，展開方法を調整したり，工夫したりしながら，楽しくバランス力をアップさせていきましょう！

ねらい
①バランス感覚を養う
②身体部位を意識する

対象年齢	目安	2歳	3歳	4歳	5歳
大人と一緒に		/	♪	♪	♪
先生を見本に		/	♪	♪	♪
ひとりで		/	/	♪	♪
お友だちと		/	/	/	♪

● 準備するモノ ●

ありません

● ● ● **指導展開事例** ● ● ●

1. 片足上げて，おっとおっとおっとっと

　まずは，両腕を横に広げて大の字に立って，歌いながら左右に揺れます。

　そして，「よーい，どんッ！」で片足をあげ，かかしのようにしてバランスを取って 10 数えます。

　上手にバランスがとれるかな？

▲片手や片足を上げて止まってみよう！

おっとおっとおっとっと

作詞・作曲：髙野牧子

おっ と おっ と おっ と とっ と　　おっ と おっ と おっ と とっ と
バ ラン ス きょう そう で きる かな　　バ ラン ス きょう そう で きる かな
バ ラン ス きょう そう　　よ ー い どん

※★は保育者，♥は子どものパートです

136

2. バリエーションを変えてバランスをとってみよう！
　片足バランスに慣れたら，今度はさまざまなバリエーションで「バランスとり」を楽しんでみましょう。
１）空間を変えて，おっとおっとおっとっと
　片足バランスを，横や前，後ろなど，あげる足の空間（方向）を変えて挑戦してみましょう。
２）部位を変えて，おっとおっとおっとっと
　お尻，おへそ，背中，両膝など，今度は身体部位を床につけてバランスを取ってみましょう。
３）いろいろアクション，おっとおっとおっとっと
　両手と片足，片手と片足，片手と片方のつま先など，子どもの発想でいろいろなアクションに変えて，バランスをとってみましょう。
４）イメージをプラスで，おっとおっとおっとっと
　「忍者」「ちょう」「お化け」「うさぎ」など，多様なイメージで動いて止まって，バランスをとってみましょう。

> 身体部位，動き，空間などを順番に変化するように条件を変え，多様な動きが経験できるように配慮しよう。
> また，応用の途中から「その動きがどのようなイメージか」を子どもに問いかけ，動きとイメージを関連づけられるようにうながすと，よりよいでしょう。

3. 自分の一番を工夫してみよう！
　さまざまなバランスを体験し，その経験を参考に自分のいちばん素敵なバランスポーズをみつけてみましょう。保育者は子ども一人ひとりのようすを見ながら，言葉かけをし，表現を引き出せるように心がけましょう。

▲自分の１番でバランス

4.「自分のいちばん」を見せ合い，認め合おう
　半分ずつの人数に分けて，「バランスとり」を見せ合い，お友だちの素敵な動きをお互いに認め合えるようにうながしましょう。

●「おっとおっとおっとっと」をパワーアップさせてみよう！

　自分なりのアイディアをプラスしたり，対象年齢に合わせてアレンジしたりすることで，ひと味違う表現あそびを楽しむこともできます。
　あなたならどんな「おっとおっとおっとっと」にしたいですか？

・導入をひと工夫
　「バランスをとる」ということが，どういうことなのかを理解しやすいように，「やじろべえ」や「起き上がりこぼし」など，揺れてもバランスを取る物を導入で見せてもよいでしょう。

・グループ表現に発展させてみよう
　年長児であれば，二人組や三人組で揺れてバランスを取るなど，かかわりでの応用へと展開することができます。さらに，どんなイメージで止まるかなどを相談しながら，仲間同士で動きを工夫して創作し，最後に見せ合うのもよいでしょう。

表現しよう！　展開事例⑥

くっつくって楽しいね！

磁石でぺったん
どんどこトンネル

対象年齢　目安	2歳	3歳	4歳	5歳
大人と一緒に	♪	♪	♪	♪
先生を見本に		♪	♪	♪
ひとりで		♪	♪	♪
お友だちと				♪

いろいろな身体部位で他者とかかわる経験をしたうえで，「高い－低い」「直線的－曲線的」など，多様な空間を意識し，その子どもならではの動きを引き出して，くっつけるように援助しよう。

ねらい
・体のさまざまな部位を意識する
・子どもの自分なりの動きを引き出し，いろいろなポーズをしてみる

● 準備するモノ ●

〈オススメ〉
・大きな磁石
・クリップのヘビ

指導展開事例

● 導入

　導入では，「くっつく」をイメージしやすいように工夫するとよいでしょう。たとえば，磁石とクリップなどでぺったんとくっつくようすを見せて，「くっつく－離れる」を視覚で学ぶと，子どもは理解がしやすいでしょう。

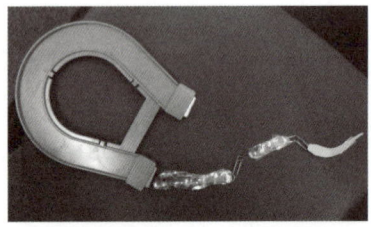

● 「磁石でぺったん」をやってみよう

　「くっついたくっついたぁ　ど〜ことど〜こがくっついたぁ」とうたいながら，身体のさまざまな部分をくっつけてみましょう。

▲クリップのへびさん

やり方

1)「くっついたくっついたぁ　ど〜ことど〜こがくっついたぁ　○○と○○がくっついた」とうたいながら，身体の部位と部位をくっける。
　例：手と頭がくっついた ⇒ 頭に手をつける

2)「1, 2, 3」で離れる。

いろいろな部位でやってみよう！
どんな動きができるかな？

くっついた （童歌：「ひらいたひらいた」の曲で）

くっ　つい　た　くっ　つい　た　ど　こと　ど　こが　くっ　つい　た　う〜ん　ホッペ！

> **バリエーション**

① 座って友だち同士でやってみる。
　例）おへそとおへそ，背中と背中，足の裏と足の裏　など
② 歩きながら歌い，近くの人と先生が指示した部位でくっつく。
③ 2人組で〜5人組まで，くっつく人数を増やしたり，減らしたりする。

▲ほっぺとほっぺがくっついた♪　　▲お腹とお腹がくっついた♪　　▲あごとあごがくっついた♪

●「どんどこトンネル」をやってみよう

みんなで工夫する探検トンネル。

> **やり方**

1) 手をつけて，大の字で5人並ぶ。
2) 端の一人が股の間や隙間を見つけて，くぐったり，またいだりして，反対の端まで行き，自分が考えた部位で端の友だちとくっつく。
3) 次の友達を呼ぶ。
4) 次の友達も同様に，くぐったり，乗り越えたりして，列の反対端まで行き，また好きな部位でくっつく。
5) これをどんどんくり返し，いろいろな身体部位でくっつくように，ポーズを工夫していく。

> ● **こんなところに注意しよう！**
>
> ・友だちが通り抜ける間，同じ姿勢を保たなければならないので，5歳児が行う場合は5人くらいまで，4歳児では3人くらいまでで行うようにしよう。
> ・導入や途中も大切にして，丁寧に展開するようにしよう。
> ・拍手の回数で，集まる人数を知らせるルールを取り入れても楽しめるでしょう。ただし，競争にならないように気をつけ，人数で入れなかった子どもは，先生としっかりくっつきあうように配慮するようにしましょう。

> ● **「くっつく」をうまく展開させるには…**
>
> 　手ではないところで友だちとくっつこうとしたり，体をねじったり，反ったり，動きを工夫して，くっつくように努力している子どもを認めて，「すごいね！」「○○○な風に工夫しているね」と具体的に褒めていきましょう。「みてみて」と自分のアイディアや工夫が生まれて来たら，活動は大成功でしょう。

"鬼ごっこ"で表現遊びにトライ！

表現しよう！　展開事例⑦

表現鬼あそび

対象年齢 目安	2歳	3歳	4歳	5歳
大人と一緒に			♪	♪
先生を見本に			♪	♪
ひとりで				♪
お友だちと				♪

● 準備するモノ ●

ありません

普段はゲームとして楽しんでいる鬼ごっこも，ひと工夫加えることで表現あそびへ変身させることができます。どんな風にアレンジすれば「表現あそび」になるでしょうか。
　ここでは，具体的に例をあげて紹介していきますので，参考にしてあなただけの表現鬼あそびを創造してください。

指導展開事例

1．「氷り鬼」で表現あそび

1）氷鬼のルール

「氷鬼」のあそび方にはいくつかのバリエーションがありますが，ここでは骨格となる基本ルールのみを紹介します。

基本ルール

鬼に捕まったら，その場で凍って，仲間の助けを待ちます。仲間にタッチされたら「解凍」できます。すべての仲間を凍らせることができれば，鬼の勝ちとなります。

2）「氷鬼」を表現あそびにチェンジ

では，基本の「氷鬼」のあそび方のうち，鬼に捕まって凍らされる部分に表現あそびの要素を加えてみましょう。どのような「凍らされ方」が考えられるでしょうか。

● 鬼につかまったときのポーズを…

① シャキーンと言いながら「かかし」バージョン

両手を広げ，片足を上げて「かかし」になりきります。たとえグラグラしても一本足のまま我慢。凍結して「かかし」になってしまった仲間を助ける時は，動ける仲間も同じポーズで凍結した仲間と向かい合い「シャキーン」と合言葉を言い合うことで解凍されます。

② ぐにゃぐにゃ「タコさん」バージョン

この場合は，タッチされても固まらず，その場でグニャグニャとタコのように手足を動かしながら助けを待ちます。動ける仲間が「タコさん」に変身させられた仲間を助けるときは，グニャグニャ動いている仲間と向き合い，自らもグニャグニャとタコ踊りをしながら「タコさん！」と合言葉を言うことで助けることができます。

3）3回タッチが必要な「バナナ鬼」バージョン

鬼に捕まるとバナナになって凍ります。仲間に1回タッチされると片方の手（バナナの皮）がむけ，2回目のタッチでもう片方がむけ，3回目のタッチで逃げられます。

バナナらしく，弓なりに体を曲げて凍りましょう。

●表現鬼あそび「氷り鬼」の楽しさポイント

★ハラハラドキドキ感が倍増！

この遊びでは基本のあそび方より，凍った仲間を解凍するまでに時間がかかるため，助けに行った仲間が鬼に捕まるリスクが倍増。ハラハラドキドキのスリルがたまりません。危険を冒して仲間を助けだし，勇者と呼ばれる者は現れるのか？！

★一体感もプラス！

助ける時に同じポーズを行い，合言葉を言い合うことで，仲間同士の一体感（シンクロ）が味わえ，楽しさも倍増するでしょう。

★楽しくいろいろポージング！

ポーズのバリエーションを工夫すれば，あそびながら自然といろいろなポーズをとることができます。捕まらないように必死でポーズをとるため，恥ずかしがっている暇はありません。だれでも面白い体の動きに思い切りよく挑戦でき，その結果，新しい体の使い方を発見することもできるかもしれません。

応用展開をしてみよう
普段親しんでいる鬼ごっこを表現おにごっこにアレンジするには？

ヒント1：止まって行うポーズの部分を楽しくアレンジしてみましょう

例）・鬼が面白そうな動きやポーズを毎回指定する
　　・他の人が行っていないポーズで，など新たな動きが生まれやすい指示を出す

ヒント2：逃げる（あるいは追いかける）ときの逃げ方や追いかけ方の部分をアレンジしてみましょう

例）・〇〇のように走るなど，条件をつける
　　・〇〇バージョンで，など全体を統一する表現方法を決めてあそぶ

ヒント3：その遊びのどの部分が面白いか考え，その部分を誇張して表現してみましょう

例）・ネズミとネコを違う動物に変えて行ってみる
　　・ドロケイを実際に衣装や小道具をつけておこなってみる

なりきって楽しもう！

表現しよう！　展開事例⑧

忍者でござる

対象年齢 目安	2歳	3歳	4歳	5歳
大人と一緒に	/	♪	♪	♪
先生を見本に	/	♪	♪	♪
ひとりで	/	/	♪	♪
お友だちと	/	/	♪	♪

　子どもたちは自分ではない何かになりきったり，変身したりして楽しむことが大好きです。子どもたちに人気の忍者になりきって，身体表現を楽しんでみましょう！　多様な忍者をイメージし，それを実際に表現することで，さらにイメージの世界も表現の幅も広がります。
　保育者は，忍者や場面のイメージを子どもたちが活き活きと思い描けるようにサポートをしていくようにしましょう。そして，一緒に技を磨いたり，任務を遂行したり，ストーリーを楽しんだりしてみましょう。

● 準備するモノ ●

\<オススメ\>
・バンダナ（頭につける）
・新聞紙（刀のようにする）
・折り紙の手裏剣
・忍者の動きをイラストで見せるカルタ
・タンバリン（たいこ）

・・・ 指導展開事例 ・・・

1．技を習得しよう

　忍者のさまざまな技を習得してみましょう。どんな技があるかを子どもたちと一緒に出し合ってみてもよいですね。
例）

・忍び足
キョロ　キョロ！
周りをみながらそっと歩く

・手裏剣
シュッ！
手作り手裏剣を狙いを定めて，放つ！

・分身の術
さっ
高速で動いたり，ゆっくり動いたり，動きに緩急をつけよう！

　子どもたちは，保育者の模倣も得意です。身につけてほしい動きを保育者が習得して，動きを示せるようにするとよいでしょう。また，最初は保育者の動きや感じを模倣させ，次第にイメージを表現できるように導いていきましょう。

・あめんぼの術
すすすすー
アメンボが水の上を歩くイメージでささっと移動してみよう！

・高跳びの術
ピョン　ピョン
大きくたか〜くジャンプ！

Ⅲ. 実践編　表現しよう！

2．2人組でやってみよう

　習得した技をさらに磨いたり，仲間と一緒に任務を遂行したりと，忍者になりきって表現を楽しみましょう。また，友だちのよいところをまねし，技やなりきり度をアップさせたり，2人で協力してひとつの動き（技）を考え，表現できるように導いていけるとさらによいですね。

例①技を磨こう！

術のコーナーを用意し，いろいろな動きをやってみましょう。

金縛りの術 ← 木の葉隠れの術 ← 攻撃の術
↓　　　　　　　　　　　　　↑
分身の術　　　　　　　　隙を狙うの術
↓　　　　　　　　　　　　　↑
むささびの術　　　　　　高跳びの術
↓　　　　　　　　　　　　　↑
手裏剣 → あめんぼの術 → 水遁の術

図 3-5-2　忍術鍛錬場例

例②ストーリーに合わせて楽しもう！

　保育者のリード（言葉かけ）で，忍者になりきって表現してみましょう。
たとえば…
　場面：敵のお城に忍び込む
1)「大変だ！敵に見つかった！戦おう！」
2)「負けそうだ！逃げろ！！」
　→「池があるぞ！」
　→「高い塀だ！どうしよう？！」

イメージを膨らませやすいように言葉かけを工夫しよう！

3．忍者を表現し合おう

　クラスを「表現するグループ」と「観るグループ」に分け，表現を見せ合い，お友だちの表現のよいところを発表してみましょう。

● **「忍者でござる」上級編へ展開してみよう！**

①**2人組バージョン**
　1) 各自が好きな動きや表現（術）をあげる。
　2) ひとりの動きをみて，もう一方が模倣する。
　　（保育者・指導者の合図で模倣する人と表現する人を交代させる）

②**4人組バージョン**
　1) 2人組で表現したい動き（術）を決める。
　2) ひとつのグループ（2人組）が表現したものを，もう片方のグループが模倣する。

③**全体で表現してみよう**
　　みんなでひとつの動きをしたり，最後に決めポーズを決めたりすると，クラス全体でひとつの作品をつくったような感じを味わうことができ，楽しめるでしょう。

ほとんどの子どもたちが知っているような「100％勇気」など軽快な曲に合わせて表現すると，より楽しめるでしょう！

伸縮布であそぼう！

表現しよう！　展開事例⑨

ぐにゃぐにゃぴーん

対象年齢	目安	2歳	3歳	4歳	5歳
大人と一緒に		♪	♪	♪	♪
先生を見本に		♪	♪	♪	♪
ひとりで					
お友だちと					♪

伸縮布を押したり，引いたり，つまんだりして，伸縮布と体を使っての表現を楽しむ表現あそびです。伸縮布が織りなす形を楽しんだり，その感触を味わったり，布の特徴を利用してあそんだり，ゲームをしたりとさまざまな展開が可能です。

また，あそび方を工夫することによって，姿勢を保てるくらいの子どもからでも参加できます。対象年齢が幅広いので，子育て支援にもオススメです。

● 準備するモノ

<必要>
・伸縮布(p.76)
　※6・7人に1枚程度
<オススメ>
・絵本『もこ　もこもこ』(p.74)

指導展開事例

1. 布を垂直に張って，ぐにゃぐにゃ　ぴーんを楽しもう

伸縮布を垂直に張り，布を押したり，引っ張ったりする動きを楽しむ表現あそびです。これは，見るのも楽しいあそびですので，パフォーマーと観る人に分かれて，交替しながら行うとよいでしょう。

やり方

①伸縮布を垂直に張ります。

　※体力が必要ですので，保育者（大人）が担当した方がよいでしょう。

②パフォーマーと観る人に分かれ，観る人側の面を「発表側」とします。

③パフォーマーは，頭やお尻，指など，さまざまな身体部位で伸縮布を押してみましょう。

④絵本『もこ　もこもこ』の「つーん」「びよ〜ん」「ふんわふんわ」などの言葉に合わせて，鋭く，柔らかく，軽く，優しくなど，動きのダイナミクスを変化させてみましょう。

⑤布をつまんだり，叩いたりなどの，一人ひとりのアイディアを認め合いましょう。

⑥ある程度，表現あそびを楽しんだら，パフォーマーと観る人を交代しましょう。

▲おもしろい形が浮き出てるね。これは何だろう？

▲パフォーマー側はこんな感じ。向こう側にはどんな風に見えるのかな？

> パフォーマーは伸縮布の後ろで表現を行うので，観る人に顔を見せずに表現を行うことができます。そのため，人前で表現することが苦手な子どもでも参加することが期待できます。

2. 布を水平に持ち変えて，お友だちとの表現を楽しもう

ひとつの布に6〜8人程度集まり，複数で伸縮布を使ってさまざまな表現を体験してみます。複数で表現することでアイデアもいろいろ出てきて表現の幅も，表現にともなうイメージもひろがります。

やり方

① 1つの布に6〜8人程度集まって座ります。
② 布をお互いに引っ張り合ってみましょう。
③ 布の下に足を出し，つま先で布を上に伸ばしてみましょう（つんつん）。
④ 交互に布の下に潜り，色々な身体部位で布を下から上に伸ばしてみましょう（もこもこ・びよーん）。
⑤ 立って布にくるまったり，引っ張ったりしてみましょう。
⑥ 布ごとにパフォーマンスをして，何に見えるか考えてみましょう。
⑦ 布の色を手がかりに，グループで表現したいものを決めて，創ってみるのもおもしろいでしょう。
⑧ お互いに見せ合い，さまざまな表現を認め合いましょう。

▲やさしい感触に包まれてニッコリ笑顔

3. ゆりかごや乗り物にもなるよ

強度にすぐれた伸縮布に乗ってみましょう。乗る際には必ず安全に気をつけ，座った状態でおこなうように指導し，注意をしましょう。また，床面を引きずったりするので，床の上に尖ったものがないかも事前に確認が必要です。

やり方

① ゆりかごで，ゆらゆらを楽しもう！
　小グループの中で，1，2名が布の中に座り（体育座り），ほかのメンバーで伸縮布の端を持ちあげ，ゆりかごのように揺らします。その際，みんなが布乗りを体験できるように役割を交代しながら行いましょう（伸縮布 p.76）。
② 乗り物に乗って出かけよう
　同じように，メンバーの1，2名が布の上に乗り，ほかのメンバー伸縮布の端を持ち，バスや電車に見立てて，床を滑らせたり，回ったり，左右にカーブを切ったりして，中の友だちを運びます。

▲出発しまーす！準備はOK？

4. 伸縮布でキャッチボールをしてみよう

新聞紙を丸めてつくったボールを伸縮布で弾ませて，キャッチボールをしてみましょう。息が合ってくると，自然とかけ声も出てきて，楽しさも倍増するし，とっても盛りあがるゲームです。

やり方

① 7，8人のグループで伸縮布の端を持ち，新聞紙でつくった軽いボールを伸縮布から落とさないように弾ませます。
② 「落とさないで何回ボールを弾ませられるか」に挑戦し，その回数を数えてみましょう。
③ なるべく高く，弾ませるように挑戦してみましょう。
④ 他のグループとキャッチボールをしてみましょう。

動物になりきって楽しもう！

表現しよう！　展開事例⑩

動物らんど

対象年齢 目安	導入	展開①	展開②	展開③
未満児と母親	♪	♪	♪	
年少児	♪	♪	♪	
年中児	♪	♪	♪	♪
年長児	♪	♪	♪	♪

「動物らんど」を探検し，そこで出会った「動物カルタ」の動物に変身して，なりきり表現を楽しみましょう。どんな動物がいるのかな？　どんな動物に出会うかな？　子どもたちのイメージをふくらませながら，表現を引き出していきましょう。
　展開段階を工夫すれば，未満児でも楽しめますので，親子支援にもオススメです！

● 準備するモノ ●

<必要>
・動物カルタ（人数分＋α）
<オススメ>
・導入用絵本
・CD（アフリカの民族音楽，「動物園へ行こうよ」など）

指導展開事例

● 導入

　動物や動物園が登場する絵本の読み聞かせを行うなど，子ども達の動物へのイメージを膨らませるような導入を行いましょう。

オススメの絵本
・エリック・カール『できるかな』
・かこさとし『どうぶついっぱくれんぼ』

導入例

・読み聞かせ
　読みながら，1ページずつ，描かれている動物に変身してみましょう。その際には，読み進めるスピードなど，子どもたちが自然と表現世界に入っていけるように工夫や配慮をしてくださいね。

● 展開①　動物カルタを見ながら，簡単に変身してみよう！

　「先生，みんなにもっといっぱいの動物を連れてきちゃったんだ！何がいるかなぁ？」と，絵本からカルタへ子ども達の興味を移し，カルタに登場する動物になりきる表現あそびを展開していきましょう。
　その際，カルタを見せながらの言葉かけもポイントになります。「次はなにかな？」と興味をそそりつつ，その動物の外見や特徴ある行動，シチュエーションを交えての紹介など，子どものイメージが膨らむように，言葉かけを工夫していけるとよいですね。また，馴染みのある動物から紹介するなど，表現あそびに入りやすいよう配慮するようにしましょう。

言葉かけ例

・ぞ　う：「のっしのっし重くゆっくり歩くね。長い鼻で水をすくってシャワー。高い木の葉も取ってみよう。低い葉っぱも取れるかな」

・うさぎ：「ぴょんぴょん跳んで。大きく高く跳ぶ競争。じっと耳をすまして。逃げて。穴を掘ってそっと隠れてね。おいしそうなニンジン，いただきます！」

・へ　び：「にょろにょろ地面を這ってるね。するする木に登ったよ。じっと獲物をねらって，パクッ。後ろにも獲物が…。あれれ，二匹のヘビ，からまってるよ」

Point

● 1つの題材から，イメージを広げ，いろいろな動きを導く

ひとつの動物から具体的な動きをできるだけたくさん考えてみよう。そうすることで，ひとつの題材でも多様な動きを引き出すことができます。

例）ねこ
爪を研ぐ／高い塀を渡る／顔を洗う／丸くなって寝る／背中を丸めるなど

Ⅲ．実践編　表現しよう！

● 動物カルタのつくり方
　A4サイズの紙に動物と簡単な動きを書き，色画用紙に貼りつけます。動物のイラストは，自分で好きな動物を書いても，フリーイラストを使ってもいいですし，子どもたちが自作しても楽しいでしょう。

▲動物カルタ例

● 展開②　カルタをめくり，その動物に変身して，次のカルタを目指そう！
　動物らんど（展開している室内）の好きな場所にカルタを伏せて配置し，今度は子どもたちが自由にカルタをめくり，その動物になりきって表現していきます。保育者（指導者）は，ようすを見ながら，表現しやすいよう言葉かけをし，子どもの表現を引き出せるようにしていきましょう。

ルール
1）1人または友だちと2人で動物らんどへ探検へ行く。
2）カルタを見つけたらめくり，見たら元のように伏せておく。
3）カルタに出てきた動物に変身して，次のカルタまでその動物に変身して進む。
4）新しいカルタをめくり，再び変身する。

▲お母さんと一緒に動物に変身！

● 展開③　一番好きな動物，変身が楽しかった動物のところへ集まろう！
　1番楽しかった動物や好きな動物のところに集まって表現し，その表現を見せ合いましょう。その際，保育者（指導者）は子どもたちのよい表現や工夫した点を具体的に指摘し，子ども同士が認めあえるように，うながしていきましょう。

言葉かけ例
・「ごりらチームどうぞ！胸を元気に叩いているね」
・「今度はフラミンゴチーム！片足バランスがとっても上手だね」

Point
● 同じような動きが続かない工夫を考えよう！
　「カエル」「うさぎ」「カンガルー」ですと，ずっとジャンプ系の動物になってしまいます。「パンダ」（転がる），「フラミンゴ」（片足バランス），「ライオン」（四足で進む），「スズメ」（飛びまわる）など，変化に富んだいろいろな動きを表現できるように題材を考えるようにしましょう。

● 「〇〇カルタ」で表現あそび

　「動物らんど」では「動物カルタ」を使うことによって，子どもたちに分かりやすく動物を紹介し，さらにそれを「伏せて」「めくって」「表現する」ことに活用しました。このA4サイズでつくる手づくりカルタは動物に限らず，「乗り物カルタ」（p.148「わくわく乗り物，レッツゴー！」参照）「食べ物カルタ」「雨の日カルタ」「夏の風物詩カルタ」など，いろいろ考えることができ，活用もできます。
　どんな「〇〇カルタ」が考えられるでしょうか。ぜひ，オリジナルカルタをつくって，より楽しく子どもの表現を引き出してみてくださいね。

▲何が描いてあるのかな？

147

乗り物に変身！　表現しよう！　展開事例⑪

わくわく乗り物，レッツゴー！

対象年齢 目安	2歳	3歳	4歳	5歳
大人と一緒に	♪	♪	♪	♪
先生を見本に	♪	♪	♪	♪
ひとりで			♪	♪
お友だちと				♪

車やバス，自転車など，さまざまな乗り物になりきって，表現を楽しみましょう。その乗り物になりきってドライブに出かけたり，友だちとツーリングをしてみたり，「海に出かけよう！」などの設定を楽しんだりしてみても楽しそうですね。

● 準備するモノ ●

＜オススメ＞
・絵本『のりもの　いろいろかくれんぼ』（p.75）

指導展開事例

● 導入

乗り物のイメージが子どものなかで膨らむような導入を考えてみましょう。たとえば，『のりものいろいろかくれんぼ』などの絵本を読みきかせたするのもよいでしょう。

● 心と体をほぐそう：「好きな乗りものに変身して動く」

CD「バスに乗って」をかけ，歌詞に合わせて右左カーブ，がたがた道，登り坂，下り坂等，使用するへやいっぱいに広がったり，走りまわったり，止まったりしてみましょう。

Point
＜オススメの曲＞
・はたらく車
・力をあわせて
・大型バスに乗ってます

● 展開①：トラフィック・ゲーム

青はすすめ！　赤は止まれ！　黄色は…？
好きな乗り物に変身して，信号の色を見ながら動いてみましょう。

やり方

①赤・青・黄色の色画用紙を用意（旗やフラフープでも可）。
②交通ルールを決めましょう。
　・赤は「止まれ」
　・青は「走る（進む）」
　・黄は特別ルールにしてみましょう。
　　たとえば，「回る」「その場で跳ね続ける」「後ろ歩き」など。
　　　※みんなでひとつの動きを選びましょう。
③音楽に乗って，出発します。
　保育者（指導者）が，赤・青・黄をランダムに出し，子どもたちは1曲を好きな乗り物に変身して，走ったり，止まったり，黄色の決めた動きをしてあそびます。保育者（指導者）が出すシグナルをよく見て動くようにしましょう。
④黄色の動きを変えることによって，くり返し楽しみながらあそべます。

気に入った乗り物だけでなく，いろいろな乗りものに変身して動きまわれるように言葉かけをしていきましょう。

Ⅲ．実践編　表現しよう！

● **展開②：「乗り物カルタをつかって，乗り物に変身してみよう**

「乗り物カルタ」をつかって，保育者（指導者）を見本にしながら「乗り物に変身！」を体験してみます。そして，しだいに子ども自身が考える，独自の「乗り物に変身！」の表現を引き出す展開へと導いていきましょう。

やり方

① 全員が集まって座ります。
② 保育者（指導者）は子どもたちの乗り物カルタを見せ，その場で働く車やジェットコースターなどの動きをみんなで簡単にやってみます。
③ 乗り物カルタをみんなで部屋の中に伏せて配置します。
④ こどもたちは自由に動いてカードをめくり，絵柄を見たら，カルタを再び伏せ，次のカードに出会うまで，その乗り物に変身して動き回ります。

▲クレーン車は力持ち！

● **展開③：グループで乗り物表現を楽しもう！**

数人のグループで，好きな乗り物になっての散歩を楽しみましょう。どんな乗り物を，どのように表現し，どんな場所をどのように移動するのか，を意識して，言葉かけをし，子どものイメージを表現につなげられるように導きましょう。

やり方

① 2～3人のグループになって座ります。
② グループでなりたい乗り物を相談します。
③ アイデアを出し合って，工夫しながら乗り物をつくりましょう。
④ 右へ左へと移動したり，登り坂，下り坂，でこぼこ道を走ったり，赤信号でストップしたりなど，グループで好きな乗り物になって表現してみましょう。
⑤ クラスを2つに分け，お互いの表現を見せ合ってみましょう。

▲はしご車，いろいろ

● **いろいろな道をつくってみよう！**

展開する場所の広さや条件によって，道もさまざまに工夫してみましょう。
たとえば…

・**道に変化をつけよう**
　床にビニールテープで道を描き，真っ直ぐな道，くねくね道など変化に富んだ道をつくってみましょう。

・**道にプラスαをしてみよう**
　駅や駐車場など少し休める場所を用意するなどのプラスαを加えるのもよいでしょう。
　あなたなら，どんな"プラスα"をしてみたいですか？

・**ルールをプラスしてみよう**
　遮断機や駐車場出口に料金所をつくったり，トンネルや泥道でゆっくり進むなど，さまざまな工夫をし，豊かに展開していきましょう。

動きに速い・遅い，時間性，力性，空間性，関係性の変化をつけ，工夫してみましょう。

6月にオススメ！

表現しよう！　展開事例⑫

6月の表現あそび
— なりきりサイコロレース —

対象年齢 目安	2歳	3歳	4歳	5歳
サイコロをふって表現	♪	♪	♪	♪
「★」面も表現		♪	♪	♪
サイコロレース			♪	♪
サイコロリレー				♪

サイコロは，めくったカードを表現する方法と同じで，偶然性によって，出た目は必ず表現したくなる，「表現スイッチ」が入りやすいアイテムです。そのため，この「なりきりサイコロ」を使っての展開方法は，表現あそびに慣れていないクラスでも取り入れやすいでしょう。「サイコロを振る→身体表現あそび」というサイクルを十分に楽しんでから，レースやリレーへと展開することが大切です。

● 準備するモノ ●

<必須>
・なりきりサイコロ
　①雨（傘など）　②かえる
　③カタツムリ　　④あじさい
　⑤★×2面（詳細は表3-5-1を参照）

指導展開事例

1.「なりきりサイコロ」で変身を楽しもう

「なりきりサイコロ」を使って，6月にちなんだものに変身してみましょう。

サイコロを投げるときは，みんなで一緒に「なにがでるかな？ なにがでるかな？ 変身サイコロ，なにかな？」「変身，変身，なにかな？」など，子どもたちが言葉を唱えてから振ると，活動の区切り目が子どもたちに分かりやすくなります。

▲カタツムリ

ルール

①面を紹介しながら，表現を楽しみます。
②一通りの紹介が終わったら，サイコロを振って，出た目の表現に挑戦していきましょう。
③十分に表現してから，次のサイコロの目に移り，くり返し，出た目の表現を楽しんでみましょう。

表3-5-1　なりきりサイコロの絵柄と表現あそび

面	絵柄	表現あそびの楽しみ方（例）
1面	雨（傘）	・雨が降ってきたと手や全身で表現する。「ザザザーザザザーザザザー」 ・「じゃぁ，傘をさそう」と傘を開く真似をする。両手を開いて，片足立ちなど，傘のまねっこ。
2面	かえる	・かえるさんが出たよと言って，かえるさんに変身して（かえる跳びで）お散歩。 ・水たまりをジャンプして渡ったり，高くジャンプしたり，さまざまな動きを提案し，楽しむ。
3面	カタツムリ	・歩伏前進で移動，ゆったりとした動きを味わう。 ・手を頭に付けて，目を表現，お友達とおしゃべりをしたり，コミュニケーションを楽しむ。 ・這い這いカタツムリと少し速いカタツムリも挑戦してみる。
4面	紫陽花	・手で花を表現したり，手をクロスにして表現したりしながら，紫陽花のイメージを広げる。 ・もっと大きな紫陽花になろうと声かけ，立って表現したり，複数人で集まって表現したりする。
5面 6面	★	このマークが出たら，もう1回サイコロを振る。

子どもたちとサイコロの目を決めても楽しいでしょう。

Ⅲ．実践編　表現しよう！

2.「なりきりサイコロ」ゲームをアレンジして楽しもう
1) 新ルールをプラスして表現をひろげよう

　くり返し，サイコロの表現を楽しんだら，今度は「★」マークが出たら，好きなものに変身できるというルールで楽しみましょう。最初はクラスで「何を表現するか」を決めて表現し，慣れてきたら，各自が好きな物を表現してもよいでしょう。

▲あじさい（みんなで）

指導ポイント
【空間性】
・「お散歩」として空間を広く，動き回る題材（かえる・雨），その場での表現する題材（あじさい・カタツムリ・傘），出た目によって表現する空間を変えていきましょう。
・「雨はお空から降ってくるよね」とか，かえるさんは上にもジャンプできるよね」など，上下の空間性も忘れず意識できるように声かけをしましょう。

【力性】
　かえるは元気に，カタツムリはゆっくり，紫陽花はふんわり優しく，雨や傘はリズミカルになど，それぞれの動きの質を変え，さまざまな動きの質が体験できるように誘導しましょう。

【関係性】
　複数人で紫陽花の花を表現してみる，カタツムリと殻を2人で表現するなど，ひとりではできない表現の工夫が見られたら褒め，ほかの子どもたちに紹介しながら，お友達と一緒に表現する楽しさへ広げていきましょう。

2) なりきりサイコロレース

　サイコロに慣れてきたら，リレーやかけっこの要素をプラスした「なりきりレース」で，身体表現あそびを楽しんではどうでしょうか。

ルール
①スタートの合図でサイコロまで走ります。
②サイコロを振って出た目のものに変身して，戻ってきましょう。
　※何人で走るかは，保育室の広さ，クラス人数で調整すること
③工夫した動きをしている子どもを褒めて，みんなに紹介しましょう。

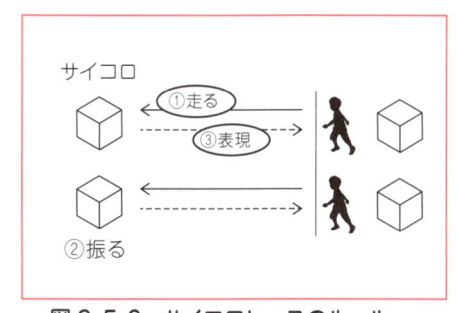

図 3-5-3　サイコロレースのルール

Point
●指導ポイント
・保育者の「ヨーイ，ドン！」の合図でスタートし，1組1組が十分に表現できるように配慮しましょう。
・実施年齢に配慮し（4・5歳以上），待っている間はお友達の表現を見る時間とし，「何を表現しているかな？」「あんな工夫した動きをしているね」など，ほかの幼児の表現に触れる機会としましょう。
・サイコロ自体を応用し，さまざまなあそびにサイコロを活用してみましょう。

速さを競うのではなく，「上手に真似っこできた人が1番」ということをくり返し子どもたちに伝えるようにしましょう。

151

"歩く"を楽しもう♪　表現しよう！　展開事例⑬

いろをあるこう　いろいろあるこう

色を楽しみながら，ぴょんぴょん跳ねて歩いたり，足伸ばして歩いたりと，さまざまな散歩を楽しみましょう。音楽をかけて，リズムに合わせて行うとより楽しめますね。

対象年齢	目安	2歳	3歳	4歳	5歳
大人と一緒に		/	♪	♪	♪
先生を見本に		/			
ひとりで		/	♪	♪	♪
お友だちと		/	♪	♪	♪

● 準備するモノ ●

<必須>
・3〜4色のきれいな色画用紙，子どもたちと色ぬりあそびをした紙やPペーパー

指導展開事例

1. いろをあるこう

部屋の入り口からさまざまな感覚で色画用紙（丸く切って，ラミネート加工したもの）を配置し，その上をぴょんぴょん跳ねて歩いたり，背伸びをして歩いたりと，いろいろな歩き方で色画用紙の上を歩いてみましょう。

また，色画用紙を等間隔ではなく，少しチャレンジできるように広めに幅を設定したり，どんどん丸紙を増やしたり，逆に減らしたりと工夫して楽しむことができます。

さてさて，どんな風に歩けるかな？

▲どの色をあるこう？

▲色をジグザグに歩いてみよう

▲「うさぎとび」と組合せ

▲いろまる，いろいろ

Pペーパーに色塗りをすると，柔らかくすべりにくい！
子どもたちと色ぬりあそびをしてから，それを丸く切って利用もできます。
紙の場合はラミネート加工したものを準備すると長持ちします。

III. 実践編　表現しよう！

2. いろの道に変化をプラスしよう

"いろの道"の散歩に慣れてきたら，今度はその道に変化をプラスしてみましょう。
どんなことができるかな？

1) 道自体に変化をプラス

保育者（大人）が踏み切りになったり，トンネルをつくったりして，いろの道に変をつけてみましょう。
例）

・踏み切り　　　　　　・トンネル①　　　　　　・保育者もがんばる！ トンネル②

2) 道に「世界観」をプラス

音楽の雰囲気に合わせて，「しのび足」「行進」「宇宙遊泳」など歩き方を変えたり，「ジャングル探検風」「海底散歩風」など，設定でも変化をつけてみましょう。

参考曲例
- 「さんぽ」（ジブリ『となりのトトロ』より）
- 「ハイ・ホー」（『劇あそびBGM集』より）
- 「アラブ風の音楽」（『劇あそびBGM集』より）

応用展開をしてみよう

「色画用紙の丸を歩く」という基本動作を使って，さまざまに展開してみましょう。どんな展開が考えられますか？

1) ゲームに展開してみよう

ルールをつくって，ゲームとして楽しんでみましょう。
たとえば…
○音楽の雰囲気に合わせて，さまざまな歩き方挑戦しよう！
- 音楽が止まったら，保育者やお友だち等が指定した色（自分の好きな色，○○さんのスカートの色など）の丸にさわる。
- ●色の時は「ひじで」「ひざで」など，体の部分を意識できるよう，さわり方を工夫する。
- ●色の時は「つま先だち」「かかと歩き」など，歩き方に変化を加える。

2) 表現展開にしてみよう

物語と合わせて，導入で読んだ絵本や手遊びの身体表現へと展開してみましょう。
たとえば…
○物語の世界に入り込んでいろんな歩き方に挑戦！
○色画用紙の丸を何かに見立てての展開も面白いでしょう。

「怪獣にみつからないように，そ〜っと歩くよ」など，イメージしやすい言葉かけをしていくとよいでしょう。

探検へ
レッツゴー！

表現しよう！　展開事例⑭

表現あそびサーキット

対象年齢　目安	2歳	3歳	4歳	5歳
大人と一緒に	♪	♪	♪	♪
先生を見本に		♪	♪	♪
ひとりで			♪	♪
お友だちと				♪

探検隊がさまざまなゾーンを訪れ，案内人に導かれながら各ゾーンを体験（表現）する表現あそびです。今回は「宇宙探検隊」バージョンを紹介しますが，さまざまなバリエーションが可能です。いろいろな星（ゾーン）で，さまざまな表現を楽しみましょう！

● 準備するモノ ●

<オススメ>
・ビニールテープ

ねらい
①イメージしたものから表現を考え出す。
②イメージしながら表現を楽しむ。

指導展開事例

●探検へレッツゴー！

「探検隊」と「星の案内人」に分かれて，さまざまな星を体験し，その表現を楽しむ表現あそびです。基本ルールをベースにして，さまざまな展開や表現を引き出す工夫ができるのが特徴です。まずは，やり方（手順）をおさえましょう。

やり方
①3～5グループ（1グループ：4～6人程度）に分かれる。
②各グループで「○○の星」として簡単なお話を考える。
③グループメンバーを「探検隊（移動グループ）」と「星の案内人（留守番グループ）」の2つに分ける。
④「探検隊」は時計回りで隣のゾーンに移動し，その星々の動き（表現）を楽しむ。
⑤「星の案内人」は来訪する探検隊を案内し，来訪者と共にその星の動きを楽しむ。
⑥「探検隊」が一周したところで「探検隊」と「星の案内人」の役割を交代する。

どんな星が考えられるか，子どもたちにもアイデアを出してもらうのも面白いでしょう。

●展開例

さまざまな星へ探検に行き，宇宙探検を楽しみましょう！ 各々の星をイメージして，ビニールテープで床に絵を描きましょう。
どんな星があるかな？

例

<氷の星>
①つるつる滑ろう
②わぁ，転んじゃった
③ごしごし温めたら，溶けてきたよ
④また，体が凍っていくよ。カッチンコッチン

<甘いお菓子の星>
①お菓子を探そう！上かな？ 下かな？
②ふわふわ綿菓子。くるくる回ってふわふわ〜
③ケーキを作ろう！いっぱい膨らんだ！
④生クリームで飾ろう！べたべた

<怪獣の星>
①怪獣が起きないようにそっと歩こう
②大変，急いで隠れよう
③怪獣と戦おう！
④やられたぁ，逃げろぉ

<海の星>
①小さな波，大きな波にザブーン
②うず潮だぁ。ぐるぐる
③海の中を魚になって泳ごう
④巨大なタコ登場！くねくねダンスだよ

<ロボットの星>
①カタカタロボットで歩く
②エネルギーが切れてきた，だんだんスローモーションで動くよ
③エネルギー充電，猛スピードで動くよ！

Point
● 「〇〇星」のつくり方ポイント
・それぞれのゾーンで，身体，アクション，時間性，力性，空間性，関係性を意識して，変化をつけ，多様な表現が出来るように工夫しましょう。
・3，4歳児であれば，ひとつずつのゾーンを楽しむこともできます。対象年齢を考慮して，工夫してみましょう。

●「〇〇星」のゾーンを工夫してみましょう

ゾーンは「ジャングル探検」「海底探検」など，「〇〇探検」とテーマを決めて設定することもできます。

また，ゾーンのつくり方として，ビニールテープで渦巻きや稲妻のようなジグザグ，大小の円，波のような曲線などの絵を描き，その絵を体で表現するのもよいでしょう。ほかにも，いろいろな楽器やプチプチマットなど，音が出るものを置いておき，その音をききながら体で表現するなど，多様な工夫ができますので，自由な発想でさまざまなゾーンをつくってみてください。

▲海賊の星で冒険だ！

イメージの世界へ！！

表現しよう！　指導案事例①

雪であそぼう

● 実践事例情報 ●

日時：平成26年2月4日　各30分
対象：年中児

　子どもたちの大好きな「雪」をテーマにした表現あそびです。地域差があるかもしれませんが，実際に雪を触った経験や，あそんだことがあると，多様な表現が出てくるかもしれません。
　保育者が，まるで目の前に雪があるかのように演じながら，表現をリードし，楽しむことがポイントです！

・・・ 指導展開事例 ・・・

指導事例①　雪であそぼう

時間	幼児の活動	保育者の留意点	環境構成
導入 7分	● ウォーミングアップ ・ぶらぶら〜ピタッ！！ 　（手，腕，脚，腰，首） ・子ども用ストレッチ	・手脚や腰などの関節を緩め，心も開放させる ・バランス力を養う	・まわりの人とぶつからないように広がる
表現 導入 3分	●「雪であそぼう」への導入 ・雪が降ったときの話や，雪だるまを作ったこと，雪合戦をしたことなどを話す	・雪を見たことがあるか，触ったことがあるかなど，子どもたちに聞き，言葉を受け止め，みんなと共有する	・保育者の近くに集まる
展開 15分	● 雪玉を作るしぐさをする ・ギュッギュッと力を入れて握る ・「つめたい」「できたー」など声がでる ・うれしそうに，また，ちょっと遠慮するように食べる真似をする 「つめたい」「イチゴ味」「味がしない」など ・それぞれ好きなシロップをかけて食べる ● 少し大きめの玉を作る ・「ぼくのこんなに大きい」 　腕をいっぱいに伸ばして大きな雪玉を作る	● 雪であそぼうと提案する ・まずは雪だるまを作る表現をする ・ゆっくりと，大きく表現してみる ●「食べてみる？」と提案 ・保育者もそっと食べて子どもたちの反応を伺う ・子どもの豊かな表現を認め，ほめる ●「味もつけてみる？」と提案 ・子どもたちそれぞれが好きな味を伝えてくるので受け止める ● 今度はもう少し大きな雪玉を作ろう！ ・もっと大きいのも作って上に投げてみる「それー，とって！」「それー，逃げて〜」などの言葉がけをする	・座っていた子どもを立たせて，ぶつからないように広がる

156

	・重くて大きな雪玉を持ちあげる ・投げる 「キャー」といいながら，落ちてくる雪玉から逃げる ●雪だるまを作る ・まずは小さい玉を転がし，だんだん大きくなっていくような表現をする ・もうひとつ作って，上に乗せ雪だるまを作る ・自主的に「バケツをかぶせる」「目をつける」「鼻も」「手も」「ボタンもつける」なども声がでて，思い思いの雪だるまを作る ●雪だるまに変身してその場に立っている ・強い風に耐えるように力を入れて踏ん張る ・だんだんを小さくなったり，形が崩れていくような表現をする	●子どもから「雪だるまを作りたい」と声が出たので，「作ってみよう！」と伝える。 ・すごく大きくなったね，重たいね，などの声かけをする ・子どもそれぞれのイメージが広がって動けるように援助する ・個々がイメージで作った雪だるまをほめる ●「今度はみんなが雪だるまになってみる？」と誘う ・「風が吹いてきたよ」 ・「だんだんいいお天気になって，お日様が出てきたね。だんだん解けてきた〜」と声をかける ・面白い動き，よい動きを認め合う	
まとめ 5分	・活動をふり返る 「楽しかった」 「本当の雪であそびたくなった」 ・次回の表現活動への期待をもつ	・今日の活動で楽しかったことなどをきいてみる ・次回への期待がもてるように，言葉がけをする	・保育者の近くに集まる

応用展開をしてみよう　雪はいろいろな形になります。その特色を生かして，自分の好きな雪だるまを作ってみるのも面白そうですね。お友達の体をペタペタしながら，手や足，体の向きなどを変えていき，「走っている雪だるま」「バンザイしている雪だるま」など，好きな雪だるまを作ってみましょう！　このような時は，ぜひ半分に分けたりして，ほかの子どもにも，見てもらえるような環境設定ができると，表現の共有ができます。いろいろな表現を見ることによって，より豊かな表現が生まれます。

　ほかにも雪あそびといえば，「雪合戦」や「かまくら作り」などもありますね。ぜひ挑戦してみてください！！

いろんなポーズで！！

表現しよう！　指導案事例②

だるまさんがころんだ

● 実践事例情報 ●

日時：平成26年5月20日　各30分
対象：年中児

▲思い思いのポーズで

きっと，だれもが子どものころに「だるまさんころんだ」であそんだ記憶があると思います。そのままでも十分に表現あそびなのですが，ここではより多様な動きに挑戦したり，共通のテーマを設定し，友達と見せ合ったりすることにより，より豊かな表現力を養っていきます。

指導展開事例

指導事例②　だるまさんがころんだ

時間	幼児の活動	保育者の留意点	環境構成
導入 7分	●ウォーミングアップ ・ぶらぶら体操 　（腕，脚，腰） ・妖怪体操第一 ・夢をかなえてドラえもん	・身体部位を意識して，動かす 　リズムにのって，楽しく体を動かす	・まわりの人とぶつからないように広がる
表現導入 3分	●「だるまさんが転んだ」のルール，動いて止まるを理解する	・興味関心をもたせる ・ピタッと止まることがねらいであり，速さ競争にしない	・保育者の近くに集まる
展開 15分	●「だるまさんが転んだ」を全員でいろいろな動きにして挑戦する ・歩いて－止まる ・お尻で歩いて－止まる ・這い這い－片足や片手を上げて止まる ・背伸びで歩いて，止まる　など ●イメージに変身して行う ・ちょうちょ（柔らかく，そっと） ・ダンゴ虫（低く，細かく，急に） ・忍者（素早く走って，ピタッと）	・簡単な動きから，少し難しい動きへと，多様な動きを楽しく挑戦できるようにうながす ・多様な動きの要素が体験できるように，さまざまなイメージで動いて止まることをくり返す 　（時間性，空間性，力性の変化） ・一人ひとりがこれまでの活動をもとに自分のイメージを広げて動けるように援助する	・ホールの長い辺を全員1列で往復 または ・2群に分け，自分の陣地に戻る方式

Ⅲ．実践編　表現しよう！

	 ・ロボット（カクカク，ピタッと） ・うさぎ（跳んで，ピタッと）  ・ライオン （強そうに歩いて，ピタッと） など  ●自分が好きな物に変身して行う ・2群に分け，お友だちと動きを見せ合う ・当てる	・子どもたちの動きを認め，ほめる  （忍者の表現） ・ユニークな表現をしている子どもをみんなでみたり，表現を共有したりして，イメージのバリエーションを広げる  （ライオンの表現） ・友だちのよい動きを認め合う	
まとめ 2分	・活動をふり返る ・次回の表現活動への期待をもつ		・保育者の近くに集合

> **応用展開をしてみよう**
>
> この表現あそびでは，さまざまな展開ができます。基本的な「歩いて－止まる」のアレンジはいくつか載っていますが，ほかにも考えてみましょう。次にイメージに変身して行うところがありますが，止まった後に何かをしてもいいと思います。たとえば，ちょうちょになって止まったら，「お散歩に行ってみよう！」と，ひらひらを飛んでみたり，「花の蜜を吸ってみよう」と声をかけたりするのもいいですね。忍者になったら，手裏剣を投げてみる，忍び足をするなど，変身したものでも表現あそびができます。グループに分かれて，変身するものを子どもたち自身で考え，発表し，何に変身したのかを，あてっこするもの楽しいでしょう。

● 付録 ●　　　体操「ぼくのからだのふしぎ」

　「身体表現」を学んできた学生が，体操「ぼくのからだのふしぎ」を創作しました。子どもたちに自分の体についてもっと知ってほしいと考え，「筋肉」を題材にしています。歌詞には上腕二頭筋・ヒラメ筋・腹斜筋・大殿筋などの筋肉の名前が登場し，振り付けはその筋肉を使う動きで構成されています。子どもたちが楽しく，自分の体を意識して動かし，幼児期に獲得できる動きの含み，全身を動かすことができます。
　作詞・作曲・振り付け，すべてオリジナルの「ぼくのからだのふしぎ」。楽しい体操なので，ぜひやってみてください。

[題名]　ぼくのからだのふしぎ（作詞・作曲・振り付け：矢沢芙美）

[長さ]　4分50秒
[曲の構成]

曲の構成	取り上げる筋肉	主な動き
前奏		足踏み
一番	上腕二頭筋	腕の曲げ伸ばし　肩の内外旋
二番	ヒラメ筋	屈伸　伸脚
三番	腹斜筋	体のひねり　腹斜筋のストレッチ
四番	大殿筋	飛行機バランス　お尻をしめる
五番	大胸筋 広背筋 三角筋 口輪筋 アキレス腱	前屈　海老反り 上半身ひねり アキレス腱伸ばし　など

振り付け

♪ぼくのからだのふしぎ

　　　　　　ボールを投げる仕草　　腕を伸ばし肩をまわす（反対も）　　片足でバランスをとり，
　　　　　　（★）　　　　　　　　　　　　　　　　　　　　　　　　腕を上へ伸ばす（反対も）

♪ぼくがボールを　投げるとき　　どこが動くか　知ってるかい？　　目には見えない　パワーだね！

力こぶをつくり，　　　　　スキーのパラレルを　　　　　腕を伸ばし，自分の前で
もう一方の手で触る　　　　イメージしてジャンプする　　大きく円をかき，腰へ　　おしりをふる

腕の筋肉　上腕二頭筋　　触ってみよう　動かそう　　ぼくのからだの　　ふしぎ

（★）2番以降の動きはこちら↓
その場でダッシュ　からだをねじる　その場でダッシュ大きくジャンプ

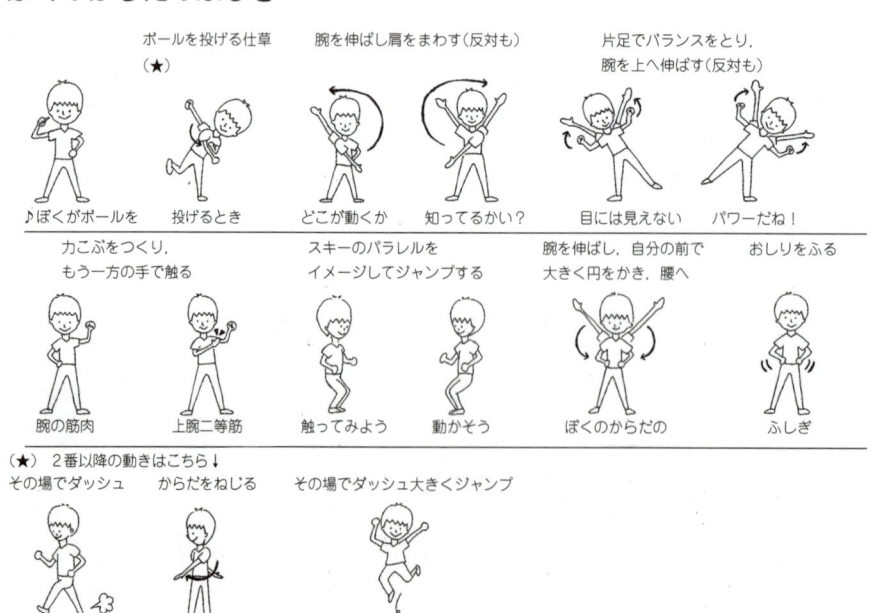

走るとき　　ねじるとき　　はねるとき

Ⅲ．実践編　表現しよう！

<1番>
足ぶみ　　　こぶしを握り，上・横にパンチ　　　肩の内外旋

<2番>
足ぶみ　　　屈　伸　　　伸　脚　　　スキップ

<3番>
足ぶみ　　　頭上で手を合わせ，横にからだを倒す　　　上体をひねる

<4番>
足ぶみ　　　飛行機をイメージし，片足バランス　　　おしりをふりながらじゃがむ　　　東京スカイツリー

<5番>
前　屈　　　上体を反らす　　　上半身ひねり（左右とも）　　　アキレス腱を伸ばす

♪ぼくのからだの筋肉は　　　６００以上の数がある　　　大胸筋　広背筋　　　からだをぐるっとまわそうよ　　　三角筋　口輪筋　最後におまけで　アキレス腱

深呼吸

触ってみよう　動かそう　　　ぼくのからだのふしぎ　（くり返し）

161

体操
ぼくのからだのふしぎ

作詞・作曲・振り付け：矢沢芙美

1. ぼくがぼーるを　なげるとき
2. ぼくがはやーく　はしるとき
3. ぼくがからだを　ねじるとき
4. ぼくがおおきく　はねるとき

どこがうごくか　しってるかい？

めにはみえない　パワーだね！

うでのきんにく　じょうわんにとうきん
あしのきんにく　ひらめきん
おなかのきんにく　ふくしゃきん
おしりのきんにく　だいでんきん

さわってみよう　うごかそう　ぼくのからだの　ふしぎ

Ⅲ．実践編　表現しよう！

5. ぼくのからだの　きんにくは　　ろっぴゃくいじょうの　かずがある

だいきょうきん　　こうはいきん　　からだをぐるっと　まわそうよ

さんかくきん　　こうりんきん　　さいごにおまけで　あきれすけん

さわってみよう　　うごかそう　　ぼくのからだのふしぎ

さわってみよう　　うごかそう　　ぼくのからだのふしぎ

163

索引

数字

3つの次元　62
3つの面　62
3つの要素　50
8カウントの動き　94

アルファベット

ETゲーム　44
Laban　62, 73
Laban理論　62, 93

あ

アクション　36, 37, 39, 46, 47, 48
あげる　43, 47, 51, 55, 59
足じゃんけん　70
あそびこみ　77
あてっこ　159
雨　32, 101, 102, 129, 150
アメリカ　92
アメリカ版　71
安心感　80

い

イギリス　93
伊澤修二　6
一番適した題材　126
移動　43, 47, 51, 55, 59
移動する動き　46
移動方法　101
命の教育　79
イメージ　5, 16, 30, 32, 34, 37, 38, 39, 66, 68, 83, 94, 105, 126, 127, 129
イメージが広がる題材　126
イメージがもてる　126
イメージから動きへ　127
イメージに変身　159
イメージの世界　142
イメージ力　127
イメージを共有　66, 74, 128
いも　75, 88
いろいろ対決　53
いろいろな表現　157
いろいろなポーズ　138
いろいろな道　149
色画用紙　152

う

ウォーミングアップ　81, 83
動き　32, 36, 38, 39, 46, 127
動きあそび　37, 38, 39, 127
動きからイメージへ　127
動き出すきっかけ　127
動きでオーケストラ　61
動きの質　127
動きの力性　94
動きを変化　79
うさぎ　30, 33, 137, 146
海　37, 126, 155
運動会　117, 120
運動技能　93
運動教育的側面　73

え

英語の手遊び　71
エネルギー　62
エフォート　127
エフォート理論　62
絵本　66, 127

お

追いかけ方　141
お皿で表現あそび　49
お互いを尊重する気持ち　80
音　79
音・リズム　32, 38, 39
鬼あそび　140
親子支援　146
親子体操　87

か

海外　71, 72, 73, 92
かえる　99, 102, 150
顔じゃんけん　132
かけっこ　151
活動展開例　93
かなづち　トントン　50
紙皿　48, 77
からだじゃんけん　70, 89, 132
体つくり運動　80
体ほぐしの運動　80
体を意識　160
体を動かす楽しさ　80
体をほぐす　84

カルタ　77, 146, 147, 149
環境　125
環境設定　157
関係性　36, 37, 39, 58, 59, 60
鑑賞　23
感情表現　15
関節　85
簡単な動き　94
簡単なダンス　80

き

擬音語　74
擬態語　74
きっかけ　128
キッズダンス　9
キャッチボール　145
共振　12, 29, 31
共創　28, 30, 31, 38
協調性　23
共通イメージ　23
協力して表現　100, 101
キラキラペット　77, 118
筋肉　160

く

空間性　14, 36, 37, 39, 54, 55, 56, 127
空間性要素　54
空間にサイン　56
空間認識　93
クールダウン　91
具体的な動き　74
くっつく　43, 47, 51, 55, 59, 139
組み合せ　94
倉橋惣三　7, 40
グリークダンス　73
グループ表現　137

け

芸術教育的側面　73
芸術教育への指向性　73
ゲーム　105
ゲームに展開　153
ケガの予防　80
健康づくりの土台　80

こ

心と体の関係　80

心と体を開放　66
子育て支援　31, 45, 76, 78, 87, 89, 144
誇張して表現　141
ごっこ遊び　23
言葉かけ　127
子どもたちの力を借りる　128
子どもたちの特性　126
コミュニケーション　10, 14, 16, 17, 29, 31, 82

さ
斎藤公子　40
魚　103, 155
さかながはねて　43
さまざまな表現　154
参考事例　121

し
ジェスチャー　12, 13, 14
支援者　80
時間性　14, 36, 37, 39, 50, 51, 52, 127
自己表現力　28, 29
自己有能感　5, 30
自主性　23
実体験　126
指導案　65, 156, 158
指導の流れ　64
自発的　80
社会性　23
車輪面　54
じゃんけん　60, 68, 70, 132
ジャンプ　114
自由遊び　125
充実した活動　66
自由に踊る　125
受容　80, 127, 128
受容的態度　127
受容的な態度　80
小学校　25, 27, 80
唱歌遊戯　7, 8
象徴的身振り　12, 15
上半身だけ　132
伸縮布　144
身体　36, 37, 39, 42, 44

身体意識　28, 80
身体部位　42, 81, 83, 84, 136
新聞紙　66, 76, 130

す
スウェーデン体操　73
スキップ　110
スキンシップ　19, 21, 58, 64, 80, 89, 90, 129,
ストーリー　66, 128, 142
ストーリー仕立て　51, 53
ストレッチ　86
ストレッチ体操　80
スピード　62

せ
生活発表会　117
世界観　153
設定　51
選曲のポイント　113
せんたく　75, 83

そ
ぞう　82, 127, 146
操作する動き　46
創造性　28, 29, 38
創造的　80
創造的身体表現　28, 30, 38, 39
創造的身体表現活動　73
想像の世界　126
想像力　127
即時模倣　19, 20

た
隊形　117, 120, 121, 124
隊形移動　121
隊形の種類　117
隊形変化　94
対決表現あそび　53
題材　126
ダイナミック　106
ダイナミックな表現　78
タッチ　44, 85
楽しい体操　160
たまご　69, 114
多様なアレンジ　66
だるまさん　13, 30, 74, 134, 158
ダンス　2, 3, 7, 9

ダンス学習カリキュラム　62
ダンス・セクション　73
ダンスドラマ　62

ち
小さなお庭　55
遅延模倣　20, 21
違う点　92
直示的身振り　12, 15

つ
土川五郎　7
つなげて動く　48

て
テーブル面　54
テーマ　126
デザイン　62
伝承遊び　134

と
ドア面　54
東京女子高等師範学校　6, 40
動物　33, 40, 65, 75, 92, 146
動物カルタ　146
動物の鳴き声表現　93
道路あそび　57
道路で出会って，サイン交換　57
戸倉ハル　8, 40
トラフィック・ゲーム　148
トンネル　87, 138, 149, 153

な
内的イメージ　2, 4, 29
仲間と交流する　80
なりきりサイコロ　150
なりきり表現　126
なりきる　78

に
逃げ方　141
似ている点　92
忍者　29, 30, 78, 95, 126, 135, 137, 142, 158, 159

の
脳の発達　66
乗り物　75, 126, 145, 148
乗り物表現　149
ノンバーバル　11, 14, 15

165

ノンバーバル・コミュニケーション
　　10, 11
は
ハイタッチ・ゲーム　45
弾む楽しさ　108
発想力　127
発達　18
発表　23, 65
パフォーマー　144
バランス　43
バランス感覚　136
バランスをとる動き　46
バリエーション　141
ひ
一人ひとりが尊重される　80
ビニールテープ　155
表現あそびバージョン　60
表現鬼ごっこ　52
表現しにくい題材　126
表現するグループ　143
表現できる環境　66
表現の共有　157
表現の仕方　120
表現の幅　142
表現のバリエーション　66
表情　10, 11, 19
平等な関係性　80
ふ
風船　52, 109
フォークダンス　73
複数で表現　145
不確かな存在　126
プチパフォーマンス　49
プチプチ　77
プチプチマット　155
舞踏会　125
舞踊記譜法　62
舞踊教育　73
ふる　43, 47, 51, 55, 59
ふれあう　87
風呂敷　78
へ
変化　69
変化をプラス　153

変身　114
変身あそび　37, 38, 39, 127
ほ
保育者のリード（言葉かけ）　143
保育へのつながり　100, 101, 102, 103, 104, 105
ポーズ　141
ボキャブラリー　66
褒めること　127
ポンポン　108
ま
マッサージ　88
真似　78, 80
真似をする　66
マレービアン　11
み
見せ方　120
見立てて動く　48
見立てて表現　77
身近な素材　66
未満児　146
ミラーゲーム　60
ミラーテープ　77
観るグループ　143
観る人　144
む
向く　43, 47, 51, 55, 59
無理のない方法　128
も
モダンダンス　73
モデル　16, 52, 128
模倣　16, 17, 28, 29, 30, 31, 131, 142
や
躍動感　117
柔らかい動き　78
ゆ
雪　105, 156
豊かな時間　128
豊かな表現　66, 157, 158
ユリーズミックス　73
よ
読みきかせ　127

ら
ラバン理論　62, 127
ラバン理論の視点　49
り
力性　14, 36, 39, 50, 51, 52, 127
リズム　20, 32, 33, 113
リズムダンス　94, 114, 124
リレー　151
る
ルールをプラス　149
わ
わらべ唄　6

うきうき わくわく 身体表現あそび
―豊かに広げよう！子どもの表現世界―

2015年4月10日　第一版第1刷発行
2022年3月31日　第一版第2刷発行

編著者　髙野牧子
著　者　髙橋うらら・田中　葵
　　　　打越みゆき・大津展子
　　　　小田切香織・岩間里香
　　　　粕谷礼乃・小田ひとみ
　　　　瀬川真寿美・多胡綾花
装　幀　清原一隆（KIYO DESIGN）
装・挿画　平山郁子
ＤＴＰ　伊藤琴美（KIYO DESIGN）
発行者　宇野文博
発行所　株式会社　同文書院
　　　　〒112-0002
　　　　東京都文京区小石川5-24-3
　　　　TEL（03）3812-7777
　　　　FAX（03）3812-7792
　　　　振替　00100-4-1316
印刷・製本　真生印刷株式会社

JASRAC　出 1501632－202
ⒸMakiko Takano et al., 2015
Printed in Japan　ISBN978-4-8103-1441-0
●乱丁・落丁本はお取り替えいたします